ACCESO GRATIS *a la Lectura en la Nube*

Para visualizar el libro electrónico en la nube de lectura envíe junto a su nombre y apellidos una fotografía del código de barras situado en la contraportada del libro y otra del ticket de compra a la dirección:

ebooktirant@tirant.com

En un máximo de 72 horas laborales le enviaremos el código de acceso con sus instrucciones.

ARGUMENTACIÓN, RETÓRICA Y ORATORIA JURÍDICAS.

Un tránsito desde la teoría a la práctica del discurso jurídico

ARGUMENTACIÓN, RETÓRICA Y ORATORIA JURÍDICAS.

Un tránsito desde la teoría a la práctica del discurso jurídico

Juan Antonio Gómez García

tirant lo blanch
Valencia, 2024

En caso de erratas y actualizaciones, la Editorial Tirant lo Blanch publicará la pertinente corrección en la página web www.tirant.com.

La presente obra ha sido sometida a la revisión de pares ciegos según el protocolo de publicación de la editorial a efectos de ofrecer el rigor y calidad correspondiente tanto en su contenido como en su forma, aplicándose los criterios específicos aprobados por la Comisión Nacional E 016 (BOE num. 286, de 26 de noviembre de 2016).

© TIRANT LO BLANCH
EDITA: TIRANT LO BLANCH
C/ Artes Gráficas, 14 - 46010 - Valencia
TELFS.: 96/361 00 48 - 50
FAX: 96/369 41 51
Email: tlb@tirant.com
www.tirant.com
Librería virtual: www.tirant.es
ISBN: 978-84-1071-095-5
DEPÓSITO LEGAL: V-2842-2024

Si tiene alguna queja o sugerencia, envíenos un mail a: *atencioncliente@tirant.com*. En caso de no ser atendida su sugerencia, por favor, lea en *www.tirant.net/index.php/empresa/politicas-de-empresa* nuestro procedimiento de quejas.

Responsabilidad Social Corporativa: http://www.tirant.net/Docs/RSCTirant.pdf

Índice

PARTE II: RETÓRICA Y ORATORIA JURÍDICAS

PARTE III: EL DISCURSO JURÍDICO

PREFACIO

La formación teórica y la actividad práctica del jurista tienen dos de sus pilares fundamentales en su capacidad para argumentar y en el desarrollo de su capacidad de convicción y de persuasión a los distintos auditorios ante los que ha de presentar sus discursos jurídicos. No es extraño, pues, que poco a poco vaya instalándose con más fuerza la idea de que es necesaria una adecuada formación en Argumentación, Retórica y Oratoria jurídicas que le habilite para enfrentarse con garantías, tanto a la comprensión teórica de lo jurídico desde sus vertientes argumentativa, retórica y oratoria, como al desarrollo de su actividad práctica en estos ámbitos.

Tal es el objetivo principal del presente libro; y digo principal porque no se limita únicamente a comprender y explicar en general las relaciones entre Derecho, Argumentación Retórica y Oratoria, sino que también (aunque de manera secundaria) pretende comprender lo jurídico en su plano teórico y filosófico. Efectivamente, el abordaje de la Teoría de la argumentación, la Retórica y la Oratoria jurídicas, implica hoy, en mi opinión, la postulación de una determinada manera de entender lo jurídico a partir de la cual desarrollar cualquier Teoría de la argumentación, Retórica y Oratoria jurídicas. Sin esta consideración ontológico-jurídica previa, no cabe ninguna construcción teórica (y, por ende, práctica) fundada y coherente en cualquiera de los ámbitos que constituyen el objeto nuclear de este libro, ya que, en el fondo, éstos constituyen derivaciones de tal consideración ontológica fundamental. En este sentido, este trabajo aboga, en términos generales, por una manera determinada de entender lo jurídico -podríamos decir- más *realista* a como se ha venido haciendo durante los dos últimos siglos, tan marcados por la dialéctica insalvable entre iusnaturalismo y iuspositivismo, mediante la recuperación de la noción analógica de lo jurídico: Ello permite ofrecer (al menos así se pretende) planteamientos adecuados y útiles para los complejos tiempos en los que nos está tocando vivir en relación con la Teoría de la argumentación, la Retórica y la Oratoria jurídicas en todas sus dimensiones, también obviamente la dimensión práctica.

Actualmente, se viene afirmando hasta la saciedad que los nuevos tiempos están demandando un nuevo Derecho y, por lo tanto, nuevos modos de comprender lo jurídico. En este panorama, tematizar la Teoría de la argumentación, la Retórica y la Oratoria jurídicas puede resultar muy fructífero para intentar ofrecer propuestas y respuestas a tales demandas, ya que en estos temas se nos aparecen imbricadas las cuestiones teóricas con las prácticas de manera ejemplar, lo cual es muy necesario, por una parte, para dar sentido teórico al operador jurídico que ha de enfrentarse a su praxis jurídica cotidiana, y por otra, para infundir (en expresión de los clásicos sociologistas) *vida jurídica* a la mayoría de las monolíticas teorías dogmático-jurídicas convencionales.

El tratamiento general de los temas centrales de este libro está muy estandarizado, casi se ha convertido hoy en un tópico. Es muy abundante la reflexión existente al respecto y evidentemente cualquier tentativa de originalidad e innovación puede llegar a resultar temeraria; no obstante, no es frecuente que se adopte como punto de partida un planteamiento de carácter genuinamente filosófico (más concretamente, iusfilosófico) a la hora de abordarlos y desarrollarlos. Esto es lo que se ha pretendido llevar a cabo en el presente libro, ya que lo considero muy importante de cara a contextualizar los temas de discusión en sus justos términos y de aclarar los problemas con la mayor precisión posible. Con demasiada frecuencia se dan por supuestos, o se consideran implícitos, muchos presupuestos teóricos que, a mi juicio, deben explicitarse con carácter previo para comprender coherentemente las temáticas expuestas.

Así, por ejemplo, se suele comenzar el tratamiento de estos temas directamente, sin haber realizado un mínimo planteamiento inicial sobre lo que se entiende por Derecho. Es cierto que la llamada *Teoría estándar de la argumentación jurídica* es un producto histórico-jurídico concreto, que es resultado también de concepciones jurídicas muy concretas (todo ello se aborda en el capítulo II de este libro) y, por lo tanto, en cierto modo, se pueden dar lícitamente por supuestas; sin embargo, en determinados aspectos, es necesario disponer de un marco filosófico de referencia que permita fundarlos adecuadamente, y sin lugar a dudas, el marco más comprensivo es el ontológico, esto es, aquel que plantea primaria y directamente la cuestión *¿qué es el Derecho?*

En consecuencia, como adelanté arriba, el capítulo primero plantea y desarrolla esta cuestión ontológica fundamental, con el fin de delimitar inicialmente el marco filosófico sobre el que se va a desenvolver la ulterior exposición sobre las distintas concepciones teóricas sobre la argumentación jurídica, las cuales son tratadas en el capítulo segundo. Desde una perspectiva histórico-conceptual se exponen las diversas teorías sobre argumentación jurídica formuladas desde la segunda mitad del siglo pasado (momento en que surge con fuerza la disciplina en el ámbito de los actuales estudios jurídicos) hasta el presente, centrándonos especialmente en la llamada *Teoría estándar de la argumentación jurídica*, que es la que constituye el *corpus* disciplinar nuclear de prácticamente todas las reflexiones actuales sobre la argumentación en el ámbito jurídico. Siempre a la luz de la noción analógica de Derecho postulada en el capítulo anterior, se ha tratado de comprender toda esta temática, proponiendo, a su vez, varias distinciones conceptuales de gran importancia para delimitar el ámbito concreto de lo que pensamos que debiera ser el de una Teoría de la argumentación jurídica de corte realista: la distinción entre Lógica jurídica y Argumentación jurídica, y la distinción (tomada de Norberto Bobbio), dentro de la Lógica jurídica, entre *Lógica del Derecho* y

Lógica de los juristas. Se trata de aclarar así cierta confusión que tiende a mezclar (por fortuna cada vez menos) Lógica jurídica y Argumentación jurídica, con el fin de abrir la Teoría de la argumentación jurídica hacia una más realista comprensión de la compleja problemática argumentativa en torno al Derecho.

Una vez establecido el marco iusfilosófico, se entra a abordar de lleno la importante cuestión de la justificación de la argumentación jurídica. Es obvio que no tiene sentido hablar de ninguna argumentación jurídica que no esté mínimamente justificada, de modo que es obligatorio reflexionar sobre esta cuestión. Con este fin, se inicia tal reflexión partiendo del origen primero de lo que pueda entenderse por justificación de una argumentación jurídica, y para ello se realiza una breve exposición sobre el clásico tema de las fuentes del Derecho, que constituye el tópico tradicional de la Teoría jurídica sobre todo lo relativo al origen y nacimiento de lo jurídico. Tal vez pueda llamar la atención esta tematización en este momento, ya que en la inmensa mayoría de los tratados sobre Argumentación jurídica, así como en la propia *Teoría estándar*, se suele eludir la cuestión de las fuentes, dándose por supuesto que la norma jurídica (la fuente formal del Derecho por antonomasia) es, con diferencia frente a otras (la costumbre, los principios generales del Derecho, la equidad, etc.), la más importante fuente del Derecho (la única, *de facto*, para muchos tratadistas), sin detenerse a considerar otras perspectivas distintas o alternativas. De nuevo queda patente aquí el trasfondo iuspositivista en que nació y se ha venido forjando la Teoría de la argumentación jurídica en la actualidad. Sin embargo, conforme a una noción analógica de lo jurídico y con las bases ontológicas de una Teoría de la argumentación jurídica congruente con ella, considero ineludible plantear la cuestión de las fuentes del Derecho en este punto, puesto que éstas constituyen la *ratio iuris* fundamental de cualquier argumentación jurídica, al dar razón primera y esencial de lo jurídico desde su propio origen en el seno de la vida social de las personas. Por lo tanto, constituye la instancia justificativa primera de toda argumentación jurídica: la justificación que se deriva de su fundamento jurídico originario.

A partir de aquí, se abordan los contenidos tópicos de la *Teoría estándar de la argumentación jurídica* en relación con la cuestión de su justificación: las distinciones entre contexto de descubrimiento y contexto de justificación, entre justificación externa e interna, y entre justificación formal y no formal de las decisiones jurídicas; para concluir, de acuerdo con una lógica analógica de la justificación jurídica, en la afirmación de la *razonabilidad* como criterio fundamental de justificación de las argumentaciones jurídicas. Tal y como se intenta explicitar a lo largo del capítulo, la simple *racionalidad* (auténtica idea-motor de las concepciones de la argumentación formalistas) se ha revelado insuficiente (incluso mixtificadora en numerosas ocasiones donde lo material desempeña un papel central en la argumentación) para justificar con realismo las argumentaciones jurídicas, de manera que *lo razonable* parece ser más adecuado que *lo racional*, por su mayor apertura, flexibilidad y dinamismo racionales. La noción analógica del Derecho nos enseña que es lo razonable, mejor que lo racional, el ámbito propio de lo jurídico y, en consecuencia, todo desarrollo argumentativo debe respetar tal condición esencial.

Una vez cerrada la primera parte del libro, dedicada monográficamente a la Argumentación jurídica, se aborda la parte correspondiente a la Retórica y a la Oratoria jurídicas. Se trata primeramente la Retórica jurídica porque se entiende que es más genérica que la Oratoria jurídica, de tal modo que ésta participa por completo de todos los principios y caracteres de aquélla con la particularidad de que opera en el ámbito del discurso oral, el cual, por su propia naturaleza, justifica una consideración específica del discurso retórico en el orden de la comunicación oral.

En los capítulos cuarto y quinto se abordan la Retórica y la Retórica jurídica, respectivamente, planteando en primer lugar un acercamiento histórico-conceptual a la Retórica en general y a sus vinculaciones con los problemas de la verdad y de la justicia, de tal modo que sirva de marco para pasar a distinguirla después de otras disciplinas afines, como la Dialéctica y la Tópica. Una vez establecidos los perfiles de la Retórica, se tematiza la cuestión clásica de los géneros retóricos para adentrarnos de lleno, al hilo del género judicial, en la Retórica jurídica, de la cual se realiza también una exposición histórico-conceptual incidiendo especialmente en el *revival* experimentado por la disciplina con motivo de la valorización de las filosofías jurídicas surgidas al socaire del célebre *giro lingüístico* en Filosofía de hace un siglo, que supuso la rehabilitación de la racionalidad práctica como modo de pensar el mundo y, por supuesto también, lo jurídico. Se exponen, en consecuencia, las dos filosofías jurídicas más importantes en este contexto: la *Nueva Retórica* de Chaïm Perelman y la *Tópica jurídica* de Theodor Viehweg. Se llega así finalmente a la exposición y análisis de la Retórica jurídica en los tiempos actuales.

El capítulo sexto se dedica a la Oratoria jurídica, en coherente desarrollo con el presupuesto conceptual que se ha mencionado anteriormente, abundando en su distinción con la Retórica en general, analizando su estrecha vinculación con la virtud de la elocuencia, especificando su ámbito en relación con el Derecho –cuyo prototipo es la Oratoria forense- y exponiendo, por último, sus conceptos fundamentales: el de orador y el de auditorio.

La tercera parte del libro es la más técnica y, por lo tanto, tiene un cariz más práctico que las anteriores. Se dedica al discurso jurídico, ya que es en el discurso donde es posible el desarrollo de una metodología y una técnica en relación con la Argumentación, la Retórica y la Oratoria jurídicas, en este caso modélicamente representado por el discurso forense. Así, en el capítulo séptimo se incide en el carácter narrativo –y, por lo tanto, en su naturaleza práctica- del discurso jurídico, pasando después a ofrecer una tipología de discursos jurídicos que pueda abarcar la diversidad de posibilidades de ejercicios argumentativos, retóricos y oratorios de los juristas. Se expone, finalmente, la tradicional metodología de la elaboración de todo discurso jurídico explicando cada una de sus fases.

El capítulo octavo cierra el libro con la exposición y análisis monográfico del discurso forense en todas sus vertientes: la justificativa, representada en toda la temática relativa a las pruebas; y la propiamente argumentativa, ejemplarmente ilustrada en las más importantes tipologías de argumentos jurídicos al uso. Se cierra la exposición con una sucinta referencia al tema de las falacias, con el fin de perfilar mejor las anteriores vertientes del discurso forense.

Como complemento a todo lo expuesto, al final del libro se han incluido varios anexos que pretenden concretar en la práctica las tesis más importantes del libro: los clásicos *Progymnasmata* o ejercicios de Retórica que, desde la Antigüedad, se han venido utilizando para ejercitar las capacidades y habilidades retóricas; y una serie de consejos para redactar buenos escritos jurídicos, de la abogada Rosana Pérez Gurrea, los cuales constituyen una muy útil guía de redacción para cualquier tipo de escrito jurídico, tanto desde un punto de vista retórico y estilístico, como argumentativo.

Este libro constituye, en cierto modo, un desarrollo de mis trabajos previos sobre Argumentación jurídica, en los cuales expuse los fundamentos histórico-filosóficos, metodológicos y técnicos de la misma. La primera parte del libro se basa, en gran medida, en lo expuesto allí, de tal modo que el resto es un desarrollo de tal teoría de la argumentación en los ámbitos específicos de la Retórica y de la Oratoria jurídicas, en tanto que modos de expresarse el discurso jurídico como praxis concreta de los juristas.

Madrid, junio de 2024.

PARTE I:
ARGUMENTACIÓN JURÍDICA

CAPÍTULO I.

UNA APROXIMACIÓN INICIAL A LA ARGUMENTACIÓN JURÍDICA

1. INTRODUCCIÓN

A partir de la segunda posguerra mundial se ha venido produciendo un creciente interés por la Argumentación jurídica, tanto en el ámbito teórico como en el práctico. Se han postulado y desarrollado diversas teorías de la argumentación jurídica que tratan de comprender y explicar la vertiente argumentativa del Derecho, así como distintos métodos y técnicas concretas de argumentación que pudieran servir al jurista para argumentar en su actividad práctica cotidiana.

Las razones de este interés son múltiples, derivadas fundamentalmente de las profundas mutaciones sociales, políticas y culturales producidas en el mundo occidental y, en el ámbito puramente jurídico, del progresivo cambio, a partir de la década de los cincuenta del siglo pasado, de modelo iusfilosófico que venía rigiendo el modo de entender el Derecho desde la irrupción del positivismo jurídico a principios del siglo XIX y de todas sus versiones posteriores, cada vez más formalistas en sus modos de concebir lo jurídico en todas sus dimensiones[1].

Ciertamente, todas estas teorías de la argumentación jurídica son "hijas de su tiempo" y, en consecuencia, son también resultados directos de las concepciones generales en torno a lo jurídico, en este caso proyectadas específicamente hacia

---

1 Examinaremos estos procesos con más detalle en el epígrafe 6 de este capítulo.

su dimensión argumentativa. Es evidente que se comprende mucho mejor lo que son y significan las distintas teorías de la argumentación jurídica (y cualquier otro tema o problemática que ataña a lo jurídico) si se atiende a su trasfondo ontológico, a qué ontología jurídica las sostienen. Y del mismo modo, se comprenden mucho mejor las cuestiones metodológicas y técnicas propias de la Argumentación jurídica si se ha entendido previamente la naturaleza ontológica de las teorías que las postulan. Pese a que se sostenga un relativismo filosófico radical, es metafísicamente imposible negar que tras todo pensamiento existe un mínimo fundamento ontológico que le otorga identidad propia como tal pensamiento.

En consecuencia, cuando hablamos de Argumentación jurídica, resulta necesaria una reflexión previa sobre *qué es el Derecho* (una reflexión ontológica en torno a lo jurídico), cuya respuesta es una condición esencial para identificar el objeto al que nos estamos refiriendo y para saber con propiedad de qué estamos hablando. Esta aproximación inicial a la Argumentación jurídica desde la Ontología jurídica constituye el objeto de este capítulo inicial.

2. *¿QUÉ ES EL DERECHO?* LA COMPLEJIDAD ONTOLÓGICA DE LO JURÍDICO COMO PRESUPUESTO DE SU NATURALEZA ARGUMENTATIVA

La consideración ontológica del Derecho pretende responder a la pregunta *¿qué es el Derecho?* No es fácil ofrecer una respuesta a esta cuestión fundamental, tal y como lo demuestra la propia Historia del pensamiento jurídico, donde pueden encontrarse las más diversas y heterogéneas respuestas al respecto.

Antes de nada, es importante reparar en el alcance de esta cuestión, ya que ofrecer un concepto de algo -naturalmente, también de Derecho- supone dar cuenta de lo que es propiamente aquello que comprende universalmente todos sus aspectos. En el caso de lo jurídico, lo primero que puede constatarse sin demasiada dificultad es que se trata de una realidad extremadamente compleja, puesto que, como se suele decir por muchos filósofos del Derecho que se han planteado la cuestión radical de su concepto, se trata de una realidad *pluridimensional*, que involucra numerosos aspectos de la vida social e individual de las personas y que, por lo tanto, puede ser considerada y respondida a la luz de multitud de perspectivas y enfoques. Sin embargo, esta constatación inicial no nos debe conducir a un escepticismo radical en torno a esta cuestión y, en aras de establecer un marco conceptual que nos permita avanzar en la conceptualización del Derecho, debemos intentar ofrecer unas mínimas bases que posibiliten su comprensión (al menos a efectos simplemente operativos), de cara a fundamentar desarrollos conceptuales más específicos; en el caso que nos ocupa aquí, a los efectos de plantear y exponer una Teoría de la argumentación jurídica.

Para *comprender* algo, es preciso que previamente sea *conocido*, lo cual precisa que ese algo se articule lingüística y conceptualmente; en suma, que sea posible *decirlo.* No se emplea aquí el verbo *comprender* por capricho, sino teniendo presente que *comprender algo* implica preguntarse y responder a la cuestión más radical y fundamental que cabe realizarse sobre ese *algo*, sobre esa *cosa* (en este caso el Derecho): la cuestión *ontológica. Comprender lo jurídico,* pues, atañe a la totalidad de modos, aspectos, facetas, dimensiones, vertientes, etc., que caben predicarse sobre el Derecho, contemplándolos, abarcándolos y captándolos unitariamente, como una unidad sustancial que se piensa y se dice mediante el lenguaje. De este modo, se logrará una aproximación ontológica en torno al Derecho; una aproximación que trata de responder a la pregunta fundamental *¿qué es el Derecho?*, y que, por lo tanto, lo trata de explicar en un *plano ontológico.*

En el plano ontológico tradicionalmente se han venido imponiendo, en síntesis, tres maneras de ver el Derecho hasta nuestros días:

1) La perspectiva *normativista* sobre lo jurídico, que entiende que el Derecho es *el Derecho positivo expresado en norma*, de modo que el ordenamiento jurídico es un conjunto de normas vinculadas sistemáticamente entre sí y, en consecuencia, que responde a criterios de ordenación racional que lo hacen pleno y coherente. Este punto de vista incide sobre todo en el aspecto lógico-estructural del Derecho, priorizándose sobre el resto de los aspectos, tanto en la teoría como en la práctica jurídicas. Lo jurídico se reduce, así, a sus aspectos formales, siendo el concepto de *validez* el verdaderamente determinante para comprender lo jurídico. Nos referimos a los positivismos jurídicos formalistas en todas sus versiones.

2) La perspectiva *sociologista* o *realista* sobre lo jurídico entiende que el Derecho es, por encima de todo, un *hecho social* que se da en los distintos contextos culturales en que se desarrolla la vida humana, condicionando los actos y las conductas de los operadores jurídicos. Bajo esta perspectiva, el Derecho se entiende desde un punto de vista funcional, esto es, atendiendo a la función que cumple la norma jurídica en relación con el contexto social en que se da y se aplica. Lo jurídico queda reducido de este modo a sus aspectos materiales, siendo el concepto de *eficacia* la clave de bóveda en torno a la cual se determina qué sea el Derecho. Nos referimos aquí a los realismos jurídicos, los sociologismos jurídicos (en suma, de los iuspositivismos materialistas), y a las perspectivas culturalistas en torno al Derecho.

3) La perspectiva *valorativa* o *axiológica* en torno a lo jurídico afirma que el Derecho es primordialmente el Derecho natural, los principios y los valores morales que

fundamentan ideal y realmente lo jurídico. Es la *justicia* (entendida no sólo en sí misma, sino también como expresión de la totalidad de los valores jurídicos: también de la libertad, de la igualdad, de la seguridad, etc.) lo que da cuenta y dota de sentido al Derecho, siendo el fin, el sentido de lo jurídico lo que predomina en su consideración, quedando relegadas a un segundo plano su naturaleza normativa y fáctica. Hablamos aquí genéricamente de los iusnaturalismos, de larga tradición histórica a lo largo de todo el pensamiento jurídico occidental.

A la luz de estas tres grandes concepciones sobre lo jurídico, aparece una primera idea cardinal a la hora de plantear una reflexión ontológica en torno al Derecho: la necesidad de tomar conciencia de esta pluralidad de dimensiones de lo jurídico para entender mejor que su naturaleza argumentativa responde esencialmente a su complejidad ontológica, ya que si el Derecho no fuera una realidad compleja, no necesitaría argumentación; y que en tal naturaleza argumentativa se hallan permanentemente en juego estas perspectivas en torno al Derecho, sea cual sea el ámbito y el contexto en los que se produzca tal argumentación (el legislativo, el judicial, el de la profesión de la abogacía, el doctrinal, etc.).

3. DERECHO, LENGUAJE Y ARGUMENTACIÓN

En todo este panorama -se ha apuntado más arriba- destaca un elemento que resulta esencial a los efectos de entender la importancia de la relación entre Derecho y Argumentación: el lenguaje. Efectivamente, el lenguaje constituye el medio, el vehículo, el cauce, el modo en que se expresa el pensamiento; sin lenguaje, pues, no existe pensamiento, de tal manera que pensamiento y lenguaje se implican constitutivamente y no pueden concebirse el uno sin el otro. El *discurso* (lo veremos más detenidamente en la parte tercera de este libro) es el modo en que se articula y expresa esta vinculación esencial y existencial entre pensamiento y lenguaje.

Se ha dicho hasta la saciedad que el Derecho se expresa mediante el lenguaje. El Derecho no deja de ser, entre otras cosas, un modo determinado de pensar y de comprender la realidad; en consecuencia, es, en buena medida, también lenguaje. No en vano existen corrientes filosóficas en torno a lo jurídico que entienden el Derecho abiertamente como lenguaje[2], como un determinado tipo de lenguaje con unas características y especificidades propias que lo identifican en sí mismo, y que, como tal realidad lingüística, participa de la condición argumentativa que le otorga su lingüisticidad.

Así pues, no hay Derecho sin lenguaje y el Derecho, bajo su lingüisticidad esencial, reviste una condición argumentativa también esencial. Los modos en que se manifieste tal condición lingüística dependerán de los contextos argumentativos en que se presente el lenguaje jurídico -ya sea, por ejemplo, en el contexto de creación de las normas jurídicas, de su aplicación e interpretación, de su análisis teórico, etc.-, los cuales le otorgarán unas características y unos perfiles particulares, aunque siempre teniendo en cuenta la presencia ineludible del lenguaje, en este caso, bajo su forma podríamos decir de *lenguaje jurídico.*

---

2 Así lo afirman prácticamente todas las hermenéuticas filosófico-jurídicas; incluso, un filósofo del Derecho como Gregorio Robles caracteriza al Derecho explícitamente como un medio de comunicación (ROBLES, G., Comunicación, lenguaje y Derecho. Algunas ideas básicas de la teoría comunicacional del Derecho, Madrid, Real Academia de Ciencias Morales y Políticas, 2009).

4. DERECHO, LÓGICA, EPISTEMOLOGÍA Y ARGUMENTACIÓN

De algún modo, hemos postulado ya un concepto de Derecho que nos permita, al menos desde un punto de vista operativo, contextualizar teóricamente toda la temática y la problemática propias de la Argumentación jurídica. Nos hemos formulado la pregunta ontológica en torno al Derecho, nos hemos planteado la cuestión en un sentido radical y, por lo tanto, no nos ha quedado otra alternativa que reconocer la lingüisticidad como algo esencial de lo jurídico. De esta manera, hemos -por decirlo así- *abierto* todas las preguntas e interrogantes posibles en torno al Derecho, lo cual nos lleva a plantearnos una de las cuestiones filosóficamente primeras: la cuestión *lógica*.

Esta cuestión posee gran importancia a la hora de definir el Derecho en general, o cualquier concepto jurídico en particular, así como para establecer relaciones entre conceptos, normas, instituciones jurídicas, etc. Ciertamente, la Lógica constituye el principal instrumento de la Ontología, ya que sirve para articular lingüística y conceptualmente todo conocimiento jurídico o definición, pasando así a ser un elemento estructural ineludible para avanzar en el conocimiento ontológico sobre el Derecho. Así pues, la Lógica en su sentido formal, como *Lógica formal*, dota de esqueleto y armazón a toda definición o concepto.

Sin embargo, el papel de la Lógica no se reduce solo a su aspecto puramente formal, sino que también tiene un aspecto material, como *Lógica material*. Cuando tratamos de definir o conceptualizar cualquier realidad (por ejemplo, el Derecho en general, o cualquier definición o concepto jurídico en particular), nos resulta necesario disponer de unas pautas o criterios que hagan posible definirlo. Tales criterios son las diferentes perspectivas mediante las cuales el lenguaje puede referirse a ella, *materializándolos* de algún modo. De esta manera, se operan diversas aplicaciones de la Lógica (concretadas, como decimos, en *Lógicas materiales*) al objeto en cuestión: las diversas perspectivas *epistemológicas* que posibilitan la comprensión de tal objeto.

Por consiguiente, lo que es el Derecho en sí mismo (objeto de ese saber que llamamos *Ontología jurídica*) se articula lingüística y conceptualmente a través de la *Lógica jurídica*, sobre la base de diversos criterios específicos que permiten conocerlo: las distintas lógicas materiales o *perspectivas epistemológicas* desde las que cabe articular discursos en torno al Derecho (*Epistemología jurídica*)[3].

Estas distinciones son importantes para aclarar un problema fundamental en el ámbito de la argumentación jurídica: la posibilidad de discernir los distintos planos del discurso jurídico. De este modo, nos encontramos en condiciones de no incurrir en consideraciones demasiado parciales o reduccionistas de lo jurídico, y de lograr así una mayor capacidad para argumentar racionalmente en el ámbito del Derecho.

5. UNA NOCIÓN ANALÓGICA DE LO JURÍDICO Y DE LA ARGUMENTACIÓN JURÍDICA

La complejidad de lo jurídico representa la razón última de las dificultades para ofrecer un concepto de Derecho más o menos cerrado y concluyente, de ahí que lo más realista a estos efectos sea delimitar de algún modo lo jurídico en relación con otros aspectos o realidades que se dan en la vida humana.

---

3 GÓMEZ ADANERO, M., GÓMEZ GARCÍA, J.A., MUINELO COBO, J.C., MUÑOZ DE BAENA SIMÓN, J.L., UTRERA GARCÍA, J.C., Filosofía del Derecho. Lecciones de Hermenéutica jurídica, Madrid, UNED, Sindéresis, 2019, 20-25.

En este sentido, la clásica noción aristotélica de lo jurídico resulta muy adecuada debido a su apertura y gran capacidad comprensiva. Según Aristóteles, el Derecho (*to dikaion*) siempre implica estructuralmente una *relación entre personas entre sí, y entre personas y cosas*, sea entre personas físicas o de otros tipos (jurídicas), entre un bien y una persona, etc, las cuales se encuentran vinculadas formalmente entre sí bajo una relación de justicia[4]. Por lo tanto, se puede afirmar que el Derecho tiene una naturaleza eminentemente *relacional*; más precisamente, *analógica*, ya que la analogía implica siempre una relación de proporcionalidad entre dos términos bajo un determinado criterio de semejanza (o de desemejanza) o proximidad, en virtud del contexto en que se produce tal relación.

Partiendo del presupuesto anterior, por ejemplo, bajo una concepción iuspositivista de lo jurídico (la concepción jurídica imperante en la cultura jurídica occidental desde la Modernidad), la argumentación jurídica queda reducida a un simple proceso lógico-formal de carácter silogístico, cuasi-mecánico, en el cual no caben consideraciones de índole sociológico ni valorativo que puedan (diría un normativista) *distorsionar* la normatividad de este Derecho expresado únicamente como norma. En este caso, estaríamos argumentando aquí bajo una lógica unívoca, reductora de lo jurídico a la pura realidad normativa, y no bajo una lógica analógica, la propiamente respetuosa con la complejidad de lo jurídico, puesto que permite relacionar proporcionadamente todos los sentidos, dimensiones y aspectos de lo jurídico de acuerdo con un determinado criterio de semejanza, en función de los diversos contextos interpretativos donde se opere tal relación. Una lógica unívoca, por lo tanto, traiciona la complejidad de lo jurídico, puesto que lo reduce a uno solo de sus sentidos, y no permite decir diversos sentidos de esta misma cosa, mientras que una lógica

---

4 ARISTÓTELES, Ética Nicomaquea, 1130 b 1.

analógica admite *varios sentidos* en relación de proporcionalidad entre sí, con respecto a una misma cosa, de ahí que sea la adecuada para comprender propiamente lo jurídico porque no olvida o relega, en principio, ninguna de sus dimensiones, aspectos o sentidos posibles.

Efectivamente, al suponer el Derecho una relación entre dos o más términos (personas, bienes), no puede reducirse a un solo sentido por encima del resto, de modo que la respuesta a la cuestión ontológica sobre el Derecho tendrá que contemplar todos los sentidos que se le puedan atribuir (norma, hecho social, valor), sin que predomine uno sobre los demás, sino considerados bajo su perspectiva epistemológica propia (iuspositivista, sociologista, iusnaturalista). La lógica analógica permite así salvar los inconvenientes de una definición cerrada y concluyente de Derecho al implicar todos los sentidos que cabe atribuírsele, relacionados entre sí y sin exclusión entre ellos (todos con el mismo estatuto ontológico), en razón del punto de vista que se adopte sobre lo jurídico (normativo, fáctico, valorativo), el cual permite establecer proporciones y relaciones de semejanza y proximidad entre ellos.

En este momento, sin embargo, debe hacerse una apreciación importante: hablar de distintos sentidos implicados entre sí, no significa considerarlos acumulativamente, como una suma o adición entre ellos para componer el concepto de Derecho, como si fuera el resultado de acumular indiscriminadamente todos los sentidos posibles (norma, hecho social, valor). Precisamente, la naturaleza analógica de lo jurídico reside en su integridad esencial de sentidos, no en la acumulación de éstos sin más (en este caso, se incurriría en una suerte de *logicismo*, carente de sustrato material alguno). Los sentidos posibles de lo jurídico se encuentran integrados sustancialmente, no accidentalmente, ni por añadidura, lo cual lo define ontológicamente respetando su complejidad, es decir, admitiendo la posibilidad de que, si bien el Derecho es realmente *uno*, no se puede decir de un solo modo, con un único sentido, ni adjudicándole la adición de todos sus sentidos, sino distinguiendo lo que es propiamente Derecho (Ontología) de los diversos sentidos que se le puedan atribuir a través del lenguaje (Epistemología), sin manejarlos, reducirlos, ni superponerlos arbitrariamente, ya que todos ellos son *Derecho* en su orden propio (Lógica).

Precisamente, este carácter relacional, analógico, del Derecho impide su consideración como algo *absolutamente uno e independiente* de lo demás y, por lo tanto, susceptible de ser definido en sentido propio; y abre la Teoria de la argumentación jurídica a unos horizontes más realistas y efectivos en el contexto actual, que muchos autores han caracterizado como *post-positivista*, otorgándole así su lugar propio como algo sustancial a lo jurídico en la teoría y permitiendo obtener mejores resultados prácticos bajo esta consideración notablemente más realista de la complejidad de la realidad jurídica.

6. EL APOGEO ACTUAL DE LA ARGUMENTACIÓN JURÍDICA

Resulta fundamental partir de esta noción relacional, analógica, de lo jurídico, para poder hacernos una buena idea de la importancia de la argumentación jurídica en la actualidad y, por lo tanto, para entender el extraordinario auge que la Teoría de la argumentación jurídica está experimentando en nuestros días.

La casi absoluta primacía del iuspositivismo en la cultura jurídica occidental durante los dos últimos siglos ha tenido como consecuencia que la formación teórica y la praxis de los juristas hayan orbitado, principal y exclusivamente, en torno a una consideración del Derecho solo como norma o como un sistema de normas, relegando a un lugar accidental o secundario al resto de consideraciones posibles (como hecho social y como derecho natural, principio o valor moral). Sin embargo, la realidad actual y los contextos existenciales en que nos desenvolvemos hoy, han significado la superación de los márgenes que el clásico iuspositivismo le tenía reservado a lo jurídico, demostrando su estrechez teórica y sus insuficiencias prácticas. La consideración del Derecho como mera normatividad respaldada por la coercibilidad del Estado ha puesto de manifiesto sus insuficiencias para comprender realmente lo jurídico durante las últimas décadas, bajo la irrupción de fenómenos tan complejos como los procesos de globalización mundial, la pujante emergencia e implantación social de las nuevas tecnologías de la información y de la comunicación, el surgimiento de los llamados *nuevos derechos* (también conocidos como *derechos humanos de tercera -e incluso de cuarta- generación*), etc.; se ha revelado, en suma, como una concepción ilusoria e inoperante, por ser excesivamente reductora de lo jurídico y, por lo tanto, cercenadora de su potencial regulador de la vida social de las personas en aras de lo justo.

Pero es, sobre todo, en el marco de los Estados constitucionales democráticos actuales donde se pone de manifiesto más directa y dramáticamente esta crisis, la cual se quiere comprender bajo la denominación de *post-positivismo* desde las propias huestes del positivismo jurídico, en buena medida impotentes ante los desafíos interpretativos que viene planteando esa norma jurídica tan particular, a los ojos del rígido iuspositivismo clásico, como es la Constitución. En efecto, tras la Segunda Guerra Mundial, los Derechos democráticos occidentales (especialmente, los de tradición jurídica continental) han experimentado un proceso de absoluta *constitucionalización*, en el sentido de que están concebidos y articulados desde esta norma fundamental, jerárquicamente la más importante de todo el ordenamiento, de naturaleza jurídica muy rígida y repleta de valores, principios y derechos fundamentales que condicionan toda la acción política, legislativa, jurisprudencial y administrativa de los Estados. Y ciertamente es así: la Constitución es propiamente una norma jurídica, y como tal, participa de todos los caracteres que presenta cualquier norma del ordenamiento; por lo tanto, es directamente aplicable, no solo a efectos de irradiarse hacia el resto de normas que conforman o han de conformar el sistema jurídico, sino también a efectos hermenéuticos y aplicativos en los tribunales ordinarios, hasta el punto de contar con un tribunal específico encargado de interpretarla y de interpretar el resto de normas del ordenamiento conforme a ella, como es el Tribunal constitucional, que tiene encomendada la función de fiscalizar y hacer efectivas pretensiones.

Todo esto desde una perspectiva formalista; pero los problemas aumentan todavía más desde una perspectiva materialista, ya que la Constitución es un catálogo de valores, derechos y prerrogativas difícilmente interpretables en muchos casos bajo una lógica jurídica meramente formal, estricta, fría y aséptica. Porque, así de entrada: ¿qué debemos entender, por ejemplo, por *libertad ideológica, religiosa y de culto*, proclamada en el art. 16 de la vigente Constitución española? La complejidad hermenéutica que acompaña a este precepto es, sin duda, muy profunda. Además, ¿cómo conciliamos, en nuestra tarea interpretativa, este artículo con otros de la Constitución española del mismo rango normativo -como por ejemplo el art. 20, que reconoce la libertad de expresión- o con otras normas del ordenamiento más específicas en su regulación de supuestos de hecho y en la imputación de consecuencias jurídicas? Ciertamente, se abre la puerta aquí a interpretaciones de las normas constitucionales mucho más abiertas y extensivas, debido a la propia naturaleza de los principios y de los valores constitucionales, mucho más flexibles y difusos que las puras normas, a los ojos de una perspectiva iusformalista. Y, del mismo modo, la Constitución adquiere un protagonismo central a la hora de interpretar el resto de normas del ordenamiento jurídico, puesto que éstas deben interpretarse conforme a la propia norma constitucional, precisamente por su papel jerárquico preponderante.

Sin entrar a valorar la bondad o maldad de este cambio de modelo, lo que sí resulta evidente bajo esta nueva situación, en la que se ha pasado, como suele decirse, del *Estado legislativo de Derecho* al *Estado constitucional de Derecho* (o del *positivismo jurídico* al *post-positivismo jurídico* como modelo iusfilosófico de comprensión y explicación de este fenómeno) es que, tanto cuantitativa como cualitativamente, se ha reforzado la necesidad de argumentar, de justificar, de indagar en métodos y técnicas de interpretación jurídica que permitan solventar estas dificultades. Por lo tanto, a un nivel interno, los propios Derechos estatales democráticos reclaman un mayor grado de fundamentación y argumentación racional en todas sus instancias decisionales, tanto legislativas, como ejecutivas y (especialmente) judiciales.

Pero no solo a nivel de los ordenamientos jurídicos estatales; también en un plano supraestatal resulta más necesario que nunca el desarrollo de la Argumentación jurídica. Bajo el modelo democrático deliberativo en que nos desenvolvemos actualmente, donde el consenso, el acuerdo, constituye el *sancta sanctorum* de la legitimidad política, no cabe otra cosa que la argumentación, siendo el Derecho aquí el elemento central que permite articular objetivamente tales consensos y dotarlos de auténtica eficacia práctica.

En definitiva, la Argumentación jurídica se nos viene revelando a partir de las últimas décadas del siglo pasado como una vertiente de lo jurídico más importante de lo que era dos centurias atrás, donde, si acaso, jugaba un papel mucho más secundario, reducido a su mera funcionalidad lógico-formal.

CAPÍTULO II.

LAS TEORÍAS DE LA ARGUMENTACIÓN JURÍDICA

1. INTRODUCCIÓN

Una vez fijado el marco conceptual general en el capítulo anterior, corresponde ahora examinar con cierto detalle las más importantes teorías de la argumentación jurídica. Comenzamos ocupándonos de lo que se entiende por argumentación general teniendo presente la noción analógica de Derecho y el contexto post-positivista actual, puesto que la adecuada comprensión de cualquier teoría de la argumentación jurídica exige, como presupuesto teórico, aclarar qué se entiende por *argumentación* en general.

Tomando como punto de partida la argumentación en general arribaremos a las teorías de la argumentación jurídica en particular y nos encontraremos en condiciones idóneas para comprender las nociones y la problemática fundamentales implicadas en la Argumentación jurídica, tanto en su dimensión teórica como práctica.

2. CONCEPTO DE ARGUMENTACIÓN Y CONCEPCIONES MÁS IMPORTANTES SOBRE LA ARGUMENTACIÓN JURÍDICA

Ya hemos visto que Derecho y Argumentación están vinculados esencialmente, hasta el punto de que, según algunas tendencias teóricas, son consustanciales[1]. Ciertamente, la necesidad de justificar los discursos jurídicos es propia del Derecho, de modo que precisa de razones y de razonamientos, tanto en sus aspectos constitutivos y justificativos como en sus momentos aplicativos o decisionales en todos sus ámbitos y contextos posibles (legislativo, judicial, doctrinal, de los abogados, etc.)[2]; de ahí que nos planteemos previamente qué se entiende por *Argumentación* en general, antes de examinarlo en su vertiente específica en relación el Derecho, es decir, como *Argumentación jurídica.*

---

1 Por ejemplo: ATIENZA, M., El Derecho como argumentación, Barcelona, Ariel, 2007, 11-15.

2 Específicamente, en relación con la necesidad de justificación de las decisiones judiciales, el Tribunal Constitucional la exige de manera meridianamente clara en reiterada jurisprudencia. Sirva de ejemplo la sentencia 20/2003, de 10 de febrero, en cuyo fundamento jurídico 5° se afirma: "Este Tribunal, con carácter general, ha reiterado que el derecho a la tutela judicial efectiva, en su dimensión de necesidad de motivación de las resoluciones, implica que las decisiones judiciales deben exteriorizar los elementos de juicio sobre los que se basan y que su fundamentación jurídica ha de ser una aplicación no irracional, arbitraria o manifiestamente errónea de la legalidad (por todas, STC 221/2001, de 31 de octubre, FJ 6); haciéndose especial incidencia en reforzar esa obligación de motivación en los supuestos de resoluciones judiciales en el ámbito penal por la trascendencia de los derechos fundamentales que quedan implicados en ese tipo de procedimientos (por todas, SSTC 209/2002, de 11 de noviembre, FFJJ 3 y 4, o 5/2002, de 14 de enero, FJ 2). El fundamento de dicha exigencia de motivación se encuentra en la necesidad, por un lado, de exteriorizar las reflexiones que han conducido al fallo, como factor de racionalidad en el ejercicio de la potestad jurisdiccional, que paralelamente potencia el valor de la seguridad jurídica, de manera que sea posible lograr el convencimiento de las partes en el proceso respecto de la corrección y justicia de la decisión; y, de otro, en garantizar la posibilidad de control de la resolución por los Tribunales superiores mediante los recursos que procedan, incluido este Tribunal a través del recurso de amparo (por todas STC 139/2000, de 29 de mayo, FJ 4)".

El concepto de *argumentación* no es unívoco, ya que existen diversos conceptos en función de la perspectiva teórica que se adopte. De entrada, existe una distinción inicial entre argumentación en un sentido *lógico* o *técnico*, y argumentación como *actividad* o *arte* de carácter comunicativo entre las personas. Lo que resulta claro es que, en ambas, pueden distinguirse cuatro elementos que vendrían a conformar un concepto convencional y bastante comprensivo de argumentación:

1) El lenguaje como modo de expresión de la argumentación. Hablamos aquí de un determinado tipo específico de lenguaje que pretende proporcionar razones al discurso: un lenguaje justificativo. Frente a otros usos del lenguaje simplemente descriptivos o prescriptivos, el lenguaje justificativo implica el contraste o la contraposición de varias tesis que pugnan por imponerse sobre la base de determinadas razones que se ofrecen en relación con un problema concreto sobre el que se argumenta.

2) La existencia de un problema o cuestión controvertida sobre los que se argumenta. Toda argumentación tiene como presupuesto la existencia de un problema, cuestión o controversia cuya solución requiere de alguna razón o razones.

3) La argumentación es una actividad y/o proceso que concluye en un determinado resultado. Considerada como actividad, la argumentación se desarrolla a lo largo de un determinado tiempo que abarca desde el surgimiento de la cuestión o problema y su término o solución. Entendida como resultado, la argumentación se compone de tres elementos que la constituyen estructuralmente: las premisas, la conclusión y la inferencia que las vincula entre sí.

4) La argumentación es una actividad de naturaleza *racional*, que opera mediante razones, en atención a conseguir un determinado fin, y que es susceptible de anali-

zarse, de valorarse y de evaluarse, según determinados criterios racionales.

Así pues, según el modo en que se comprendan los anteriores elementos, pueden distinguirse tres concepciones fundamentales de argumentación:

A) Las concepciones *formalistas* son las propias de la Lógica formal clásica. En Lógica formal el concepto central es el de *validez* del razonamiento que sustenta una determinada argumentación. Desde esta perspectiva, se entiende la argumentación como una sucesión de enunciados sin considerar su contenido (su verdad o falsedad), sino simplemente si sus premisas y conclusión se encuentran *correctamente* relacionadas desde un punto de vista formal; si la inferencia de la conclusión con respecto a las premisas es correcta, limitándose a valorar la corrección lógico-formal de la argumentación.

   En consecuencia, interesa la argumentación como resultado más que como actividad, esto es, si la argumentación cumple con determinadas condiciones formales (las reglas de inferencia) que la hacen lógicamente válida. Así pues, las concepciones formalistas se ocupan de los esquemas, las formas y los tipos de los argumentos, sin entrar a valorar la verdad de su contenido, ni su grado de convicción y persuasión. En suma, centran su atención en la *dimensión sintáctica* de la argumentación.

B) Las concepciones *materialistas* tienen por objeto los contenidos de los enunciados, de manera que son los factores fácticos e institucionales a los que hacen referencia tales enunciados los que determinan la corrección de éstos. Lo importante en el argumento no es, pues, la corrección formal de la inferencia, sino la verdad o la eficacia de las *razones* materiales que, de fondo, sustentan las premisas y la conclusión. Esto no quiere decir que releguen -o incluso que ignoren- el aspecto formal de la argumentación, ya que la corrección de la argumentación exige tal requisito estructural; lo que ocurre es que priorizan, por encima de todo, sus condiciones materiales.

En el ámbito de la argumentación jurídica, las concepciones materialistas priorizan la justicia y la verdad de la argumentación, de tal manera que les interesa, sobre todo, que una argumentación jurídica en que esté sustentada en buenas razones. Por lo tanto, es la *dimensión semántica* de la argumentación lo que incumbe a estas concepciones.

C) Las concepciones *pragmáticas* de la argumentación la consideran prioritariamente desde una perspectiva lingüística, al entenderla como un acto de lenguaje (más precisamente como un *acto de habla*), cuyo objetivo es dialogar o interactuar con otro u otros, o convencerlos y persuadirlos, con el fin de lograr un consenso en relación con el problema en cuestión.

Por consiguiente, estamos ante concepciones que conciben la argumentación como actividad, como una praxis de los intervinientes en el diálogo que pretende llegar a acuerdos, a consensos, sobre la base de enunciados previamente aceptados por ellos (las reglas que rigen el procedimiento de diálogo), de tal manera que estas concepciones ponen el acento en la *dimensión pragmática* de la argumentación. La corrección de la argumentación depende principalmente de su capacidad para convencer o persuadir en el ámbito deliberativo en que tiene lugar, bien frente a un auditorio que pasivamente la recibe (las concepciones *retóricas*), bien en un contexto de diálogo y discusión entre dos o más partes que intervienen activa y dinámicamente en una interacción continua (las concepciones *dialécticas*). De este modo, entienden la argumentación como un proceso dialógico, al contrario que las concepciones formalistas y materialistas, que la conciben como un proceso monológico.

Estas tres grandes concepciones no deben considerarse de manera unívoca y cerrada, excluyentes entre sí, sino como modos de comprender la complejidad de la cuestión de la argumentación que en la mayoría de las ocasiones se co-implican entre ellas y se dan de manera integral. En efecto, las concepciones materialistas deben satisfacer una mínima corrección formal en toda argumentación para ser válida y eficaz, y las pragmáticas presuponen también a las dos anteriores en buena medida, ya que sin rigor formal y sin buenas razones difícilmente se puede convencer o persuadir a los interlocutores o al auditorio.

Finalmente, otra tipología muy conocida de teorías de la argumentación jurídica es la propuesta por Robert Alexy[3], quien las clasifica, en virtud de su naturaleza epistémica y de sus fines gnoseológicos, en tres grandes grupos:

A) Empíricas: son aquellas que tienen un acercamiento empirista, descriptivo de los argumentos jurídicos que se suelen emplear, de las situaciones en que suelen darse, del tipo de actos lingüísticos y de los argumentos que suelen involucrar, de las concepciones argumentativas predominantes en ellos y de los grupos socio-jurídicos donde se dan las argumentaciones jurídicas.

B) Analíticas: se dedican al análisis de las estructuras lógicas de los argumentos jurídicos reales o hipotéticos.

---

3 ALEXY, R., Teoría de la argumentación jurídica: la teoría del discurso racional como teoría de la fundamentación jurídica, tr. de M. Atienza e I. Espejo, Madrid, Centro de Estudios Constitucionales, 1989, 177.

C) Normativas: son aquellas que ofrecen fundamentos teóricos y criterios prácticos para la racionalidad del discurso jurídico y de la argumentación jurídica.

A la luz de este panorama general, examinamos a continuación las distintas teorías de la argumentación jurídica desde una perspectiva histórica.

3. HISTORIA DE LAS PRINCIPALES TEORÍAS DE LA ARGUMENTACIÓN JURÍDICA

El origen histórico de las teorías de la argumentación jurídica, como ámbito de reflexión monográfico e independiente en el contexto de la Filosofía del Derecho y de la Teoría jurídica, se encuentra a mediados del siglo XX, cuando los juristas comienzan a preocuparse por la naturaleza de los razonamientos y de los argumentos jurídicos. En este sentido, suelen señalarse dos etapas en el devenir de las teorías de la argumentación jurídica: por un lado, la etapa originaria, en la que tienen lugar las primeras reflexiones teóricas sobre el tema y que pueden caracterizarse como la de los *precursores* de una segunda etapa posterior, en la que se conforma una auténtica teoría convencional o estándar de la argumentación jurídica.

3.1. Los precursores de la Teoría de la argumentación jurídica

Aunque no haya sido como una disciplina autónoma, desde la Grecia clásica se han tematizado las cuestiones fundamentales de la Teoría de la argumentación jurídica. Desde que existe reflexión filosófica en torno a lo jurídico, existe también reflexión en torno a la argumentación jurídica, aunque sea implícitamente. Así, por ejemplo, los *Diálogos* platónicos, en lo que se refieren a lo jurídico, muestran ejemplarmente cómo se argumenta y cómo se debe argumentar en relación con el Derecho. La Jurisprudencia romana, sin ir más lejos, constituye un precioso monumento teórico en torno a la argumentación jurídica, de una manera mucho más monográfica que en la Filosofía práctica griega.

Sin embargo, los precursores más directos y explícitos de la actual Teoría de la argumentación jurídica surgen tras la Segunda Guerra Mundial y (como avanzamos en el capítulo anterior) se ubican en el contexto general de crítica a los iuspositivismos formalistas que habían imperado en la Teoría jurídica occidental durante la primera mitad del siglo XX[4]. Tales precursores de lo que pudiera entenderse como el modelo disciplinar de Teoría de la argumentación jurídica sustentaron sus ideas sobre el postulado fundamental de que el razonamiento jurídico no podía concebirse exclusivamente como una simple modalidad de razonamiento deductivo, sino que estaba impregnado de otros elementos -e influenciado por otros factores- que lo hacían mucho más complejo, de tal modo que la perspectiva iuspositivista formalista resultaba ser un modelo teórico insuficiente para comprenderlo en toda su riqueza y pluridimensionalidad.

Un ejemplo particularmente relevante de esta crítica fueron las ideas del iusfilósofo hispano-guatemalteco Luis Recaséns Siches, quien habló de un *lógos de lo razonable* como auténtico modo de compresión de lo jurídico, frente al *lógos de lo racional*, el cual -apuntaba Recaséns- era el modelo de racionalidad que caracterizaba al iuspositivismo formalista como fundamento

---

4 Aparte del llamado *eterno retorno del Derecho natural* (Heinrich Rommen), que supuso una reactivación del iusnaturalismo a partir de la segunda posguerra mundial, tuvo lugar también, desde un punto de vista crítico, una importante apertura a posturas iuspositivistas menos univocistas desde el propio positivismo jurídico, la profundización de concepciones realistas en torno a lo jurídico y la eclosión de perspectivas hermenéuticas como filosofías jurídicas.

para explicar sus propias ideas en torno a la argumentación jurídica, abriendo así un espacio de reflexión apto para desenvolver una teoría sobre la interpretación y la argumentación jurídicas[5].

Tomando como punto de partida los postulados racio-vitalistas de Ortega y Gasset, y ciertas influencias del sociologismo y de los realismos jurídicos norteamericanos en torno a la naturaleza y al modo de operar de una racionalidad argumentativa coherente con la concreción de los casos jurídicos, sin olvidar la naturaleza deontológica de las normas jurídicas formalmente establecidas en un determinado tiempo y lugar, Luis Recaséns tematizó la cuestión de la interpretación jurídica bajo lo que denominó *el logos de lo humano* o *la lógica de lo razonable*; es decir, bajo una racionalidad no reducible a la pura lógica formal, y que, en consecuencia, debía considerar las circunstancias concretas de cada caso particular, ya que tal *razonabilidad* opera necesariamente, según Recaséns, cuando el intérprete de la norma abstracta efectúa la subsunción de los hechos en ésta. Así pues, *lo razonable* no es totalmente identificable con *lo racional*, puesto que atañe también a lo circunstancial, de tal manera que el Derecho y el razonamiento jurídico no pueden limitarse simplemente a procedimientos lógico-formales, los cuales ignoran aspectos de carácter axiológico y fáctico que necesariamente deben tenerse presentes cuando el Derecho se realiza en la decisión jurisdiccional, si no se quiere traicionar la experiencia vital e histórica en que acontece lo jurídico.

Bajo un mismo contexto crítico frente al iuspositivismo formalista, el germano Theodor Viehweg (1907-1988) vindicó el papel central de la Tópica jurídica para comprender y explicar la naturaleza del razonamiento jurídico, al concebirla como una especie de arte cuya razón de ser y objetivo serían descu-

---

5 RECASÉNS SICHES, L., "El 'lógos de lo razonable' como base para la interpretación jurídica", Diánoia, 2, 2, 1956, 24-54.

brir las premisas de un determinado problema jurídico, y no tanto una técnica que se ocuparía de las relaciones formales entre tales premisas y la conclusión bajo un entorno sistemático. De la misma manera, el belga Chaïm Perelman (1912-1984) se ocupó de la Retórica como saber configurador y distintivo del razonamiento jurídico, frente a las ideas formalistas que, como sabemos, lo entendían como un razonamiento simplemente lógico-deductivo. Perelman sostuvo, así, que lo jurídico participa esencialmente de lo retórico y, por lo tanto, el razonamiento jurídico se mueve siempre dentro del ámbito de *lo razonable* y de *lo verosímil*, más que dentro de *lo racional* y de *lo verdadero*, en la medida en que persigue -y, además, no puede ir más allá, según el autor- la persuasión de un determinado auditorio frente al que se efectúa un discurso jurídico[6].

Por último, el filósofo inglés Stephen Toulmin (1922-2009) se afanó en fundamentar la naturaleza dialéctica y procedimental de la argumentación jurídica, frente al formalismo iuspositivista, tratando de abarcar en su modelo elementos de carácter material en la argumentación, en complementariedad con los formales, con el fin de garantizar la máxima corrección de la racionalidad de las argumentaciones jurídicas, bajo un contexto argumentativo pragmático-dialéctico[7].

3.2. La Teoría estándar de la argumentación jurídica

Es a partir de finales de la década de los setenta del siglo pasado cuando se puede afirmar en puridad la existencia de la Teoría de la argumentación jurídica como un ámbito teórico y disciplinar plenamente independiente. En este momento tiene lugar la superación definitiva de la concepción lógico-

---

6 Examinaremos con más detalle las ideas de estos autores en el capítulo V.

7 TOULMIN, S.E., Los usos de la argumentación, tr. de M. Morrás y V. Pineda, Barcelona, Península, 2003.

deductiva del razonamiento y de la argumentación jurídica como objeto único y exclusivo de reflexión, al constatarse que la argumentación jurídica no puede limitarse a esta estrecha visión teórica, de tal manera que los estudiosos (por ejemplo, Robert Alexy, Neil MacCormick, Aulis Aarnio, Jerzy Wróblewski, Aleksander Peczenick, etc.) empiezan a abrirse a nuevas perspectivas que tratan de comprender la complejidad del razonamiento y de la argumentación en relación con el Derecho.

Todos estos autores comparten la crítica a las teorías de la argumentación jurídica anteriores en el sentido de considerar insuficiente el modelo lógico-formal si se quiere comprender el razonamiento y la argumentación jurídica en toda su profundidad y extensión, al estar implicados otros elementos de carácter práctico que lo hacen inoperante para dar cuenta, tanto en un plano teórico como en sus aplicaciones prácticas, de sus distintas vertientes y dimensiones. Así, por ejemplo, como afirma Alexy, el hecho de que la argumentación jurídica sea un tipo específico de discurso práctico que se articula lingüísticamente en situaciones particulares (es el caso, por ejemplo, de un proceso judicial o de un debate doctrinal científico-jurídico), supone la necesidad de formular otras reglas distintas a las reglas lógico-formales, además de éstas. Igualmente, MacCormick insiste en la incapacidad de estas reglas lógico-formales para justificar las decisiones jurisdiccionales en los llamados *casos difíciles*, donde concurren elementos materiales que son imposibles de captar adecuadamente mediante el simple razonamiento formal[8].

---

[8] No obstante, de entrada, la actitud crítica de MacCormick en este punto es absolutamente radical por la propia complejidad ontológica de lo jurídico, que hace muy arriesgado trazar una línea divisoria nítida entre "casos fáciles" y "casos difíciles" (MACCORMICK, N., Legal Reasoning and Legal Theory, Oxford, Clarendon Press, 1978, 227).

En relación con la justificación de las decisiones judiciales, Wróblewski propone una distinción teórica muy interesante entre *justificación interna* y *justificación externa* de tales decisiones, de modo que la primera representa el arsenal lógico-formal que las articula y que opera en el momento del paso de las premisas a la conclusión mediante la lógica deductiva (esto es, en la inferencia de la conclusión con respecto a las premisas); y la segunda, aun no excluyendo totalmente esta lógica, precisa de otros factores que van más allá de ella y que atañe a la determinación y el establecimiento de las premisas del razonamiento jurídico. Esta distinción es importante para entender las razones del tránsito de las distintas teorías de la argumentación jurídica de los llamados *precursores*, a la *Teoría estándar de la argumentación jurídica* (en nomenclatura del propio Wróblewski), ya que esta última supone un *plus* de complejidad en la argumentación jurídica que apela a factores no únicamente lógico-formales en los procesos de razonamiento y en sus resultados finales.

No obstante, la *Teoría estándar de la argumentación jurídica* no ha estado (ni está) exenta de críticas que la tildan de excesivamente reduccionista, al centrarse solo en la decisión judicial, dejando de lado la decisión legislativa, la argumentación doctrinal, la argumentación de los abogados, etc.; y al olvidarse asimismo de la naturaleza y del papel de la argumentación jurídica en relación con los hechos. Igualmente, se le ha achacado una cierta inconsistencia (por no decir abiertamente incoherencia) al no ocuparse de los factores de carácter histórico, político, sociológico, psicológico, etc., que inciden de forma tan profunda en los hechos (centrándose casi monográficamente en el discurso justificativo de los juristas), y que son los que, en buena medida, le otorgan su carta de naturaleza teórica específica en contraste con las clásicas teorías de la argumentación de carácter lógico-formalista.

4. LÓGICA JURÍDICA Y ARGUMENTACIÓN JURÍDICA

Con el fin de entender mejor el anterior proceso histórico-conceptual en relación con la argumentación jurídica y las propias bases conceptuales de la actual Teoría de la argumentación jurídica, es interesante considerar ahora la distinción entre Lógica jurídica y Argumentación jurídica.

En términos generales, la Argumentación jurídica tiene un espectro más amplio y comprensivo que la Lógica jurídica, de modo que ésta constituye una parte de aquélla. Como se adelantó antes, la Teoría de la argumentación jurídica actual contempla variables de carácter *extra-lógico* (histórico, político, sociológico, psicológico, etc.) que no se consideran en la clásica Lógica jurídica, estrictamente formalista y, por lo tanto, totalmente ajena a estos aspectos. Sin embargo, esto no significa que la consideración de estas variables suponga desvirtuar el rigor epistemológico de la Teoría de la argumentación jurídica convirtiéndola en una reflexión poco menos que azarosa o arbitraria; lo que ocurre es que la hace más compleja (en consonancia con su objeto de análisis: lo jurídico y sus procesos argumentativos) y la abre, pues, a un enfoque que también posee una determinada lógica, una lógica particular, si bien no es una lógica tan formal y estricta como la Lógica jurídica propiamente dicha, sino una lógica que descansa también sobre elementos de carácter material (o *Lógica informal*) que incorpora factores de carácter dialéctico, retórico, tópico, etc.

Así pues, la Teoría de la argumentación jurídica, en la medida en que entiende los argumentos jurídicos como productos que trascienden a la pura Lógica jurídica formal-deductiva, se ocupa de un objeto de estudio y de reflexión más amplio, aunque le sea imposible prescindir de ésta al constituir un elemento fundamental para comprender la elaboración y desarrollo de los argumentos jurídicos.

A mediados de la década de los sesenta, justo en el momento en que estaba consolidándose la Teoría de la argumentación jurídica actual, Norberto Bobbio planteó una distinción muy interesante para distinguir los ámbitos de estudio de la Lógica jurídica, y que puede resultar útil para comprender mejor, a su vez, la distinción entre ésta y la Teoría de la argumentación jurídica. Bobbio distinguía entre *Lógica del Derecho* y *Lógica de los juristas*, entendiendo por la primera la disciplina que se ocupa del análisis de la estructura lógica de las normas (sería, pues, la Lógica de las normas jurídicas), y por la segunda la que tiene por objeto los distintos razonamientos y argumentaciones de los juristas, tanto teóricos como prácticos. Así pues, el análisis lógico de las normas jurídicas y el análisis lógico de los razonamientos jurídicos sería el criterio de distinción de ambos campos de la Lógica jurídica[9].

Bajo la concepción de Bobbio, la *Lógica de los juristas* constituye un ámbito de estudio propio y tradicional de la Teoría jurídica, mientras que la *Lógica de las normas* (también llamada *Lógica matemática* o *Lógica simbólica,* la cual comenzó a desarrollarse a partir de la segunda mitad del siglo XX) constituiría un campo de estudio vinculado a la Lógica formal en general[10].

También a principios de la década de los cincuenta, Georg H. von Wright contribuyó a sentar las bases de lo que denominaría como *Lógica deóntica,* o lógica de las normas, pero a diferencia de Klug, concibiéndola, no como una aplicación de la Lógica formal general al ámbito del Derecho, sino como una

---

9 BOBBIO, N., CONTE, A., Derecho y lógica. Bibliografía de lógica jurídica (1936-1960), México DF, Universidad Nacional Autónoma de México, Centro de Estudios Filosóficos, 1965.

10 La Lógica de las normas jurídicas tuvo su principal impulsor en el alemán Ulrich Klug, en su famosa obra *Juristische Logik* (*Lógica jurídica,* Bogotá, Temis, 1951), en la cual entiende la Lógica jurídica como una aplicación de las reglas de la Lógica formal al ámbito de la aplicación del Derecho.

Lógica específica, sustentada sobre unas modalidades deónticas particulares del Derecho como las de *obligación*, *permisión* y *prohibición*, las cuales cumplen la función de dar cuenta lógicamente de los razonamientos jurídicos[11].

He aquí, de manera muy general, los puntos de partida teóricos a partir de los que surge la distinción de Bobbio en su comprensión de las cuestiones lógicas (y, por ende, argumentativas) en relación con el Derecho, y que viene a aclarar y delimitar las distintas posibilidades epistemológicas que ofrece la Lógica jurídica como disciplina autónoma, y como parte integrante de la Teoría de la argumentación jurídica.

5. RECAPITULACIÓN FINAL

La idea principal que podemos extraer de todo lo dicho sobre la argumentación jurídica es que argumentar supone ofrecer razones en favor o en contra de una tesis que, bien se pretende mantener, bien se quiere refutar; en suma, se trata de *justificar* o no tal tesis, de cara a tomar una determinada *decisión* mediante (no puede ser de otra manera) el lenguaje, sea oral o escrito.

A tal fin, ha de llevarse a cabo una actividad argumentativa que permita articular y expresar tal justificación, lo cual, en el contexto específico de lo jurídico, implica que toda argumentación jurídica deba sustentarse sobre razones de carácter jurídico que la sostengan o la refuten. Así pues, toda decisión jurídica debe fundarse sobre un discurso argumentativo donde se planteen y expliciten tales razones, en forma de razonamientos, que la validen.

---

11 VON WRIGHT, G.H., Lógica deóntica, tr. de J. Rodríguez Marín, Valencia, Universidad, Depto. de Lógica, 1979.

La cuestión que se plantea seguidamente es la siguiente: ¿qué tipo de discurso sustenta la argumentación (y, por ende, la argumentación jurídica)? Se trataría de un discurso de tipo *argumentativo*, frente, por ejemplo, al discurso *informativo*, el cual no precisa de razones para cumplir su objetivo básico que es, ante todo, informar a su receptor sobre una realidad determinada. Efectivamente, el discurso argumentativo se caracteriza porque precisa de razones para conseguir su propósito principal: garantizar el éxito de una decisión jurídica.

Este panorama ha sido entendido de diversas maneras por parte de las distintas concepciones de la argumentación jurídica a lo largo de la Historia: las corrientes formalistas conciben este proceso de justificación racional como un proceso monológico, bajo un criterio de racionalidad teórica; mientras que las concepciones pragmatistas (en gran medida, influidas por las concepciones materialistas) lo entienden como un proceso de racionalidad práctica que se articula sobre un diálogo intersubjetivo de cara a obtener un determinado consenso de acuerdo con unas normas de procedimiento que validen tal consenso, y que se expresa finalmente en una decisión jurídica al respecto.

En suma, este es el esquema general que da cuenta de las distintas posibilidades y concreciones de cualquier teoría de la argumentación jurídica, según se incida más en su dimensión formal, material o pragmática.

CAPÍTULO III.

LA JUSTIFICACIÓN DE LA ARGUMENTACIÓN JURÍDICA

1. INTRODUCCIÓN

La tesis de partida se formula de manera clara y sencilla: sin justificación no hay argumentación. La justificación de toda argumentación jurídica es absolutamente necesaria, elemental para poder sostener toda argumentación, la cual se concreta en la exigencia ineludible de ofrecer una *ratio iuris* en el discurso argumentativo en todos los niveles y contextos, tanto en su fondo, como en su forma.

La cuestión de la *ratio iuris* remite, en primer término, a la temática sobre el origen primigenio de lo jurídico, es decir, a la clásica cuestión de las *fuentes del Derecho.* La razón de ser primera de lo jurídico se encuentra en las instancias y realidades donde tiene su origen el Derecho y al modo en que se manifiestan exteriormente aquéllas, de ahí que sea tan importante tomar como punto de partida el concepto de *fuentes del Derecho* (y, en este sentido, de una Teoría de las *fuentes del Derecho*) para introducir y contextualizar la problemática de la justificación de la argumentación jurídica. Al fin y al cabo, sin una fuente del Derecho sobre la que descanse una argumentación jurídica, no cabe dar ésta por válida, correcta o buena por la vía de su justificación racional.

No obstante, no resulta fácil formular una teoría de las fuentes del Derecho, puesto que es un tema que carece de planteamientos y soluciones pacíficas, como lo demuestra la multiplicidad de significados que presenta la propia expresión *fuente del Derecho.*

En definitiva, tematizar la cuestión de las fuentes del Derecho supone plantearse la razón primera de lo jurídico, de su conocimiento y de su comprensión, lo cual constituye el primordial y esencial criterio de justificación de toda argumentación jurídica.

2. LA JUSTIFICACIÓN PRIMERA DE LA ARGUMENTACIÓN JURÍDICA: UNA TEORÍA DE LAS FUENTES DEL DERECHO

A pesar de su larga tradición histórica[1], la expresión *fuente del Derecho* presenta muchas dificultades de carácter conceptual, debido a la ambigüedad semántica, tanto de la propia expresión (se trata de una expresión metafórica, con los problemas de precisión que ello implica), como del propio concepto. Así lo demuestra, como destaca Luis Legaz y Lacambra, que podamos referenciar actualmente hasta siete acepciones distintas de la expresión[2]:

1) *Fuente del Derecho* en el sentido de *fuente de conocimiento del Derecho,* bien del Derecho que ha existido históricamente, bien del que actualmente existe. Aquí se hace referencia a todo documento, histórico o actual, que es medio de transmisión de información jurídica (por ejemplo, inscripciones antiguas, colecciones y recopilaciones legislativas, etc.).

2) *Fuente del Derecho* en el sentido de *fuerza creadora del Derecho* como fenómeno humano que se da en la vida social

---

1 La expresión fuente del Derecho fue empleada por vez primera por Cicerón en su célebre tratado De legibus (I, 5-6).

2 LEGAZ Y LACAMBRA, L., Filosofía del Derecho, Barcelona, Bosch, 1961, 487.

(por ejemplo, la naturaleza humana, el modo de ser de la sociedad en cuestión, el *espíritu del pueblo* para los historicistas alemanes decimonónicos, etc.).

3) *Fuente del Derecho* en el sentido de *autoridad con potestad para crear Derecho* (por ejemplo, el Estado, el pueblo, la persona humana y/o jurídica, etc.). Se diferencia de la acepción anterior en que no toda fuerza social o espiritual puede erigirse en *autoridad jurídica*, sino solo aquella que tiene poder para crear Derecho válido.

4) *Fuente del Derecho* en el sentido de *acto o fenómeno* en que se materializa o concreta el nacimiento de una norma jurídica (por ejemplo, la legislación, la costumbre, los contratos, etc.).

5) *Fuente del Derecho* en el sentido de *fundamento de la validez jurídica* de una determinada norma (por ejemplo, Dios, el Derecho natural, la Razón, la soberanía popular, etc.).

6) *Fuente del Derecho* en el sentido de *la forma* en que se manifiesta exteriormente lo jurídico, fundamentalmente en su dimensión normativa (por ejemplo, la ley, el decreto, el reglamento, etc.).

7) *Fuente del Derecho* en el sentido de *fundamento de un determinado derecho subjetivo*. Se trata de toda razón o motivo que da origen a la existencia de un derecho subjetivo (por ejemplo, la voluntad de su titular, su interés particular, su proclamación normativa, etc.).

En el trasfondo de esta multitud y diversidad de significados está la compleja cuestión de la comprensión y la explicación del origen de lo jurídico, sintetizándose tal complejidad en dos modos básicos:

A) Fuente en sentido material o *fuente material del Derecho*: se refiere a las causas, los factores o las fuerzas que están en el origen de lo jurídico, y que histórica, social, política, cultural e ideológicamente determinan su contenido;

en concreto se refiere a los *agentes que crean materialmente Derecho*. Esta concepción general tiene su origen y desarrollo más importantes al albur de las filosofías realistas, empiristas, historicistas, sociologistas o materialistas en torno a lo jurídico.

B) Fuente en sentido formal o *fuente formal del Derecho*: hace referencia a los modos normativos concretos en virtud de los cuales una determinada normatividad se constituye como *jurídica*; en otras palabras, las *formas en que vienen expresadas las normas jurídicas*. Este sentido de fuente del Derecho ha sido postulado y desarrollado, sobre todo, por parte de las concepciones normativistas, formalistas y legalistas sobre lo jurídico.

La relación entre estos dos sentidos de fuentes del Derecho es esencial para terminar de comprender toda esta problemática, ya que no toda fuente material de Derecho está legitimada ni capacitada para crear cualquier fuente formal; ni viceversa: no toda fuente formal de Derecho es producto de la acción material de cualquier agente histórico-social legitimado para crear tal Derecho. Así pues, cada fuente material de Derecho tiene capacidad y legitimidad para crear solamente un tipo de fuente formal de Derecho; por ejemplo, solo el parlamento puede crear leyes, y no otra fuente material del Derecho, además de que el parlamento no puede crear, por ejemplo, sentencias, sino únicamente los jueces y tribunales. Por lo tanto, en la cuestión de las fuentes del Derecho se implica esencialmente la cuestión de la legitimidad para crear Derecho y, por ende, para argumentar jurídicamente sobre la base de ese Derecho creado legítimamente.

Así pues, lo que se entienda por *fuente del Derecho* responde a la concepción de lo jurídico y de norma jurídica de la que se parta, ya que una concreta concepción jurídica determina siempre una cierta teoría de las fuentes. Igualmente, la concepción y las soluciones que hayan de ofrecerse a la cuestión de las fuentes condicionan también una determinada concepción jurídica, puesto que, en gran medida, lo jurídico se comprende en razón del modo en que se entienda que surgen y se manifiestan las normas jurídicas.

Asimismo, partiendo de la diversidad de significados del término *fuente del Derecho* y de las dificultades que ello comporta, es preciso tomar conciencia de que la cuestión de las fuentes puede variar por completo según se afronte desde la Sociología del Derecho, la Historia del Derecho, la Filosofía del Derecho, la Teoría del Derecho, la Dogmática jurídica, etc...

En suma, tematizar aquí la cuestión de las fuentes del Derecho tiene el propósito de dar cuenta de las razones, los procesos, los medios y los modos, en virtud de los cuales el Derecho se manifiesta e impone como *normatividad vigente*, es decir, como obligatorio y justo en un tiempo y lugar concretos, lo cual es y debe ser, como se viene indicando, el punto de inicio desde el cual debe partir todo intento de justificación de cualquier argumentación jurídica.

Todo esto adquiere una gran importancia si se contempla desde la conciencia de la complejidad de lo jurídico, de cara a comprender adecuadamente, a la luz de la cuestión de su origen primero, las instancias iniciales de justificación de toda argumentación jurídica por su relación con factores extra-jurídicos, pre-jurídicos o proto-jurídicos que se encuentran bajo los contextos en los que se dan primariamente tales argumentaciones.

3. *CONTEXTO DE DESCUBRIMIENTO* Y *CONTEXTO DE JUSTIFICACIÓN* DE LAS DECISIONES JURÍDICAS

Estamos ante una de las distinciones tópicas de la *Teoría estándar de la argumentación jurídica* en relación con la cuestión de la justificación de las decisiones judiciales[3]. Se entiende por *contexto de descubrimiento* de las decisiones judiciales todos aquellos factores que operan como causas motivacionales de tales decisiones, mientras que el *contexto de justificación* hace alusión a las razones que permiten considerar esas decisiones como justificadas o correctas. El contexto de justificación constituye el ámbito donde tiene lugar la construcción o reconstrucción del esquema lógico-formal de justificación de una decisión judicial, mientras que el contexto de descubrimiento vendría comprender todos los demás elementos justificativos de ésta.

El contexto de descubrimiento permite, pues, explicar las decisiones, en tanto que el de justificación precisamente eso: justificarlas. Así pues, el ámbito de la argumentación jurídica queda circunscrito al contexto de justificación de las decisiones, mientras que el contexto de descubrimiento quedaría fuera de su alcance. En este sentido, el contexto de descubrimiento sería el objeto de todas las Ciencias sociales y humanas que se ocupan de tales factores (por ejemplo, las Ciencias históricas, la Sociología, la Filosofía, la Psicología, etc.). El contexto de justificación sería el objeto propio de la Teoría de la argumentación jurídica.

A poco que se profundice en ella, la distinción no resulta tan aparentemente nítida, ya que presenta múltiples proble-

---

3 La distinción no es original de la Teoría de la argumentación jurídica, ya que está tomada del ámbito de la Teoría general de la Ciencia, en la década de los treinta del siglo pasado, de la mano del epistemólogo Hans Reichenbach, quien la formuló en su obra Experience and Prediction (1938). En virtud de esta distinción, el contexto de descubrimiento hace alusión a cuestiones relacionadas con la forma en que se generan nuevas ideas o hipótesis en Ciencia; mientras que el contexto de justificación hace referencia a qué tipo de criterios deben satisfacer tales ideas o hipótesis para ser válidamente aceptadas en el corpus de una determinada Ciencia.

mas conceptuales; por ejemplo, hasta qué punto es claramente discernible el límite entre ambos contextos, tanto en el plano de la teoría como en el de la praxis argumentativa. No es fácil trazar con precisión los límites entre el plano explicativo de una argumentación jurídica y el plano justificativo, ya que explicar y justificar no son ámbitos unívoca y tajantemente separables en un proceso tan complejo y dinámico como es argumentar jurídicamente. El juez que motiva una sentencia mediante una determinada argumentación se sirve también de elementos descriptivos y explicativos que inciden simultáneamente y que también contribuyen a cimentar su tarea justificativa.

La razón última de esta confusión estriba en que se trata de una distinción de cuño acusadamente formalista y, como tal, absolutamente reductora de la compleja naturaleza de toda argumentación jurídica que pretenda estar plenamente justificada: no hay más que reparar en la importancia de los aspectos materiales que también inciden en la motivación de toda decisión judicial, sin olvidar tampoco las enormes dificultades que se originan en la praxis decisional de los jueces cuando se pretende establecer una distinción conceptual como la que nos ocupa, la cual -como podrá comprobar cualquiera que se atreva a llevar a cabo esta tarea-, con frecuencia queda desvirtuada ante la multitud y diversidad de factores que hacen muy problemático trazar con rigor la frontera entre ambos supuestos contextos separados. Tal vez se entienda la proyección de esta distinción al ámbito de la argumentación jurídica por el sesgo iuspositivista que histórica y teóricamente presenta la *Teoría estándar de la argumentación jurídica*, especialmente en sus orígenes a mediados del siglo XX, en su intento de forjar epistemológicamente la nueva disciplina sobre las bases científicas que sirvieron de modelo a las llamadas *Ciencias puras*.

4. *JUSTIFICACIÓN EXTERNA* Y *JUSTIFICACIÓN INTERNA* DE LAS DECISIONES JURÍDICAS

Al igual que la anterior, la distinción entre *justificación interna* y *externa* de las decisiones jurídicas forma parte de la tópica conceptual básica de la *Teoría estándar de la argumentación jurídica* en relación con la cuestión de la justificación de las decisiones jurídicas, especialmente de las judiciales. Fue formulada, por vez primera, por Jerzy Wróblewski en 1971, en un trabajo titulado *Legal Decision and its Justification*[4]. Así la expresa el propio autor:

> "La justificación interna (...) está relacionada con la racionalidad interna de la decisión jurídica. Una decisión está justificada internamente si se infiere de sus premisas según las reglas de inferencia apropiadas. La condición de justificación interna es la existencia de una regla con la que poder verificar la racionalidad interna de la decisión. La validez de las premisas se da por supuesta.
>
> La justificación externa (...) se relaciona con la racionalidad externa de la decisión jurídica. Una decisión está externamente justificada cuando sus premisas están calificadas como buenas según los estándares utilizados por quienes hacen la calificación. Es evidente que la decisión jurídica podría estar justificada internamente, pero no tener la justificación externa, si, por ejemplo, los datos científicos o valoraciones utilizados por el que toma la decisión son rechazados por la persona que analiza esta decisión"[5].

La *justificación interna* de las decisiones judiciales hace referencia, pues, al paso de las premisas a la conclusión de la de-

---

4 WRÓBLEWSKI, J., "Legal Decision and Its Justification", Logique et Analyse, 14 (53), 1971, 409-419.

5 WRÓBLEWSKI, J., Sentido y hecho en el Derecho, tr. de J. Igartua Salaverría y F. J. Ezquiaga Ganuzas, México DF, Fontamara, 2008, 52-53.

cisión desde un punto de vista formal, lógico-deductivo, mientras que la *justificación externa* alude a todo aquello que está más allá de este proceso puramente lógico, ocupándose, pues, de todo lo que se refiere al planteamiento y establecimiento de las premisas de la decisión. Por lo tanto, esta última justificación viene a añadir un *plus* de carácter cualitativo a la simple justificación interna, de naturaleza únicamente lógica y, por lo tanto, autorreferencial y cerrada.

Esta distinción ha sido objeto de críticas por parte de quienes mantienen una concepción de la argumentación jurídica que abarca aspectos también materiales. Así, por ejemplo, se ha aducido que esta distinción resulta excesivamente reductora e incompleta, puesto que se ocupa solamente de las decisiones judiciales, dejando de lado las decisiones legislativas, las decisiones tomadas en procesos de negociación o mediación, en materia de hechos, en el ámbito doctrinal y de la dogmática jurídica, etc. Asimismo, se le critica que deje de lado los factores psicológicos, sociológicos, antropológicos, etc., que inciden de manera sustancial a la hora de explicar las decisiones judiciales.

De cualquier forma, dentro de la propia *Teoría estándar de la argumentación jurídica* (e incluso, por parte del propio Wróblewski, pocos años después de proponerla), se ha visto matizada, reformulándola en términos de *justificación formal* y *no formal* de las decisiones jurídicas. Wróblewski afirma que la justificación *formal* es la llevada a cabo mediante procedimientos de tipo lógico-formales, en tanto que la *no formal* está vinculada a las teorías de la argumentación jurídica de carácter retórico o tópico, las cuales entienden la argumentación como un proceso que integra aspectos extra o meta-lógicos. De esta manera, las visiones formalistas admiten también la posibilidad de que existan justificaciones más allá de los patrones de una estricta Lógica formal.

5. LA RAZONABILIDAD COMO CRITERIO GENERAL DE JUSTIFICACIÓN JURÍDICA

En conclusión, tradicionalmente la cuestión de la justificación de las argumentaciones jurídicas está vinculada con la Lógica, entendida ésta como Lógica formal: una determinada decisión jurídica se justifica, pues, si no contraviene las reglas de la Lógica formal. Sobre esta idea se sustenta, por lo demás, la clásica concepción moderna de Ciencia en general, la cual parte del presupuesto epistemológico de que toda Ciencia debe estar sistemáticamente articulada y desarrollada bajo un orden axiomático-deductivo. Así pues, será un criterio de carácter lógico-formal el que deba articular estructuralmente a toda Ciencia.

Sin embargo, la Ciencia jurídica (y, por ende, la Argumentación jurídica en tanto que ámbito específico de ella) no responde a tal modelo epistémico. Desde luego no es este el lugar para entrar en los debates y polémicas que (sobre todo desde el siglo XIX) se han venido desarrollando en torno a la naturaleza propiamente *científica* o no de la Ciencia jurídica, pero sí resulta evidente que, tanto el Derecho como la argumentación jurídica, no pueden ser comprendidos en toda su complejidad y plenitud exclusivamente bajo un acercamiento de carácter lógico-formal. Esta idea reviste una gran trascendencia en el plano de la justificación de las argumentaciones y de las decisiones jurídicas, ya que supone que, a la hora de justificarlas, deban considerarse otros aspectos que están en juego en el modo de ser de lo jurídico y en sus praxis argumentativas. Ello no significa que deba desecharse la Lógica formal en el ámbito de la Argumentación jurídica, puesto que sigue desempeñando un papel esencial, especialmente a cuanto a la determinación de su corrección y validez formales, lo cual la convierte en un límite necesario, de índole estrictamente *racional,* para toda argumentación jurídica; pero sí debe tenerse en cuenta, no obstante, que una perspectiva de la justificación de la argumentación y de la decisión jurídica desde la Teoría de las fuentes del Derecho resulta mucho más abierta y fructífera para comprender esta cuestión, en la medida en que contempla, además de las condiciones lógico-formales que han de regir toda argumentación jurídica (léase desde una teoría de las fuentes formales del Derecho), también los aspectos materiales y pragmáticos que concurren esencialmente en ésta; en este último caso, a la luz de una Teoría de las fuentes materiales del Derecho y desde el planteamiento de la cuestión de la legitimidad como trasfondo que subyace a la Teoría general de las fuentes jurídicas. La distinción usual entre justificación interna y externa de una argumentación jurídica se comprende mejor así, y resulta más coherente y operativa a efectos prácticos.

Así pues, más que de *racionalidad*, entendida únicamente bajo su acepción lógico-formal, debemos hablar de *razonabilidad* como criterio de valoración general de justificación de una argumentación y/o decisión jurídica. La idea de *razonabilidad jurídica* es muy abierta, e incluso por momentos equívoca, pero en su sentido más general supone un criterio de lo justificable y de lo aceptable jurídicamente, de tal modo que implica una consideración cualitativa añadida con respecto a la pura racionalidad abstracta y sistemática, aun cuando en casos determinados *racionalidad* y *razonabilidad* vengan a coincidir plenamente.

No resulta baladí, en este sentido, que la propia normatividad jurídica exija expresamente a los sujetos implicados en una relación jurídica, *ser razonables* (vid. por ejemplo, los arts. 105 y 201 del código civil[6]), lo cual viene a poner de manifiesto la existencia de un ámbito (esencial al propio Derecho y, por lo

---

[6] Art. 105 del código civil: "No incumple el deber de convivencia el cónyuge que sale del domicilio conyugal por una **causa razonable** y en el plazo de treinta días presenta la demanda o solicitud a que se refieren los artículos anteriores". Art. 201: "Los menores de edad podrán ser incapacitados cuando

tanto, a la argumentación jurídica) de cierta indeterminación general para el razonamiento, la argumentación y la decisión jurídicas, que permite un abanico de posibilidades de justificación, en ocasiones bastante amplio, pero donde todas ellas son igualmente válidas.

Todo esto se comprueba muy bien, por ejemplo, en el supuesto de dos justificaciones judiciales contrarias entre sí sobre un mismo caso: ambas se fundan en el mismo sistema de fuentes vigente, se articulan lógico-formalmente de manera correcta, interpretan esas fuentes del Derecho bajo una metodología adecuada, pero se diferencian en que obedecen a distintas perspectivas en torno a los valores jurídicos en juego en tal caso. Así pues, en la medida en que ambas decisiones son válidas, existe una cierta objetividad en la justificación de la argumentación y en la decisión jurídicas que evita incurrir en arbitrariedades o disparates, y tal justificación objetiva no es, ni más ni menos, algo tan consustancial a lo jurídico como lo es el *equilibrio*, la *proporcionalidad* en un sentido amplio, la cual permite, desde un punto de vista argumentativo, la aceptación de ambas decisiones como válidas para ese caso concreto, bajo un juicio de racionalidad práctica en razón de sus circunstancias particulares, con el fin de obtener el mayor grado de aceptación y consenso en el auditorio al que se dirijan.

Esta conclusión nos remite directamente a la Retórica si queremos comprender adecuadamente el alcance y el significado de lo razonable como criterio de justificación jurídica.

---

concurra en ellos causa de incapacitación y **se prevea razonablemente** que la misma persistirá después de la mayoría de edad" (los resaltados son míos).

PARTE II:
RETÓRICA Y ORATORIA JURÍDICAS

CAPÍTULO IV.

LA RETÓRICA

1. DIMENSIONES HISTÓRICO-CONCEPTUALES DE LA RETÓRICA

Establecer un concepto de Retórica no es tarea fácil. La razón fundamental estriba en que, a lo largo de la Historia y dependiendo de la perspectiva filosófica desde la que se la considere, la Retórica ha sido concebida de diversas maneras, en ocasiones incluso muy distintas. Ello se debe a que se trata de un concepto pluridimensional y multívoco, y con una gran tradición histórica desde sus formulaciones originales en la Grecia clásica, allá por el siglo VI a.C. Basta con reparar en el modo en que los griegos la concebían en sus orígenes, vinculada estrechamente con lo político, en tanto que técnica para la articulación de discursos públicos en todos los órdenes de la vida de la *polis*, en consonancia con su sentido etimológico: ῥητορική [τέχνη], que significaba "arte de hablar en público". Por lo tanto, en la entraña conceptual del término *Retórica* está su dimensión pública (*política* para los griegos), que hace referencia a su profunda vinculación con el discurso en un espacio público[1]. He aquí, pues, una primera dimensión conceptual a tenerse en cuenta y desde la que tenemos que partir como marco general.

Aristóteles fue el gran sistematizador filosófico de la Retórica, lo cual supuso, desde entonces, su vinculación directa con

[1] LÓPEZ EIRE, A., "La etimología de 'rhetor' y los orígenes de la retórica", Faventia, 20/2, 1998, 61-69.

la Filosofía. El Estagirita definió el concepto bajo dos perspectivas. En primer lugar, lo definió como "la facultad de teorizar lo que es adecuado en cada caso para convencer"[2], considerándola así bajo una perspectiva teórica, como saber que se ocupa de un objeto determinado. En segundo lugar, más específicamente, Aristóteles entendía la Retórica como "los medios de persuadir que hay para cada cosa particular"[3], considerándola, de este modo, como el ejercicio de una actividad que tiene sus propios medios para obtener un fin que determinado que le es propio, en este caso, la persuasión. En consecuencia, para Aristóteles, la Retórica presenta estas dos grandes dimensiones que deben ser entendidas integralmente: como un saber sobre la persuasión y como un arte o técnica específica para ejercer la persuasión adecuadamente en cada caso concreto. De esta manera, la Retórica se convierte en una *ciencia* o *saber* y, como tal, pasa a ser una manera de teorizar la realidad, en este caso, la fenomenología del acto de convencer y de persuadir mediante el discurso público, con una metodología y unas técnicas desarrolladas *ad hoc*.

Fue en Roma donde se desarrolló, sobre todo, su dimensión técnico-metodológica, bajo el modelo elaborado por Quintiliano (s. I d.C.). El calagurritano sistematizó la Retórica en cinco grandes partes que, a partir de entonces, se ha erigido en el modelo clásico de construcción de todo discurso público (en el capítulo VII lo veremos con más detalle)[4]: la *inventio* o recopilación de argumentos del discurso, la *dispositio* u ordenación de tales argumentos, la *elocutio* o la articulación discursiva de su presentación pública, la *memoria* o memorización del discurso

---

2 ARISTÓTELES, Retórica, I, 2, 1355 b (Cito según la edición y traducción de Q. Racionero Carmona, Madrid, Gredos, 1990).

3 ARISTÓTELES, Retórica, I, 2, 1355 b 10.

4 QUINTILIANO, M.F., Sobre la formación del orador, trad. y comentarios de A. Ortega Carmona, Salamanca, Pontificia Universidad, 1997.

y la *actio* o representación del discurso ante el auditorio. Este modelo metodológico marcó el punto de partida definitivo de la Retórica como disciplina técnica desarrollada con arreglo a una determinada metodología, tendiéndose a contemplar, *ad futurum*, desde una perspectiva formalista (aun cuando para Quintiliano resultase inseparable la dimensión filosófica de la Retórica de su explicitación técnico-metodológica[5]), acentuándose, sobre todo, esta dimensión metodológica como auténtico (y, para muchos, único) objeto de la Retórica. Así pues, la Retórica quedó en gran medida reducida a su aspecto modal, podríamos decir *artístico*, esto es, exclusivamente como *arte* o modo de hacer algo.

Debe resaltarse también que en Roma se empieza a otorgar importancia al discurso escrito como objeto de la Retórica, frente al carácter eminentemente oral que ostentaba en la Grecia clásica. A partir de entonces comienza a tomar pujanza esta faceta escrita, forjándose y desarrollándose una Retórica que ya no se limita solo al discurso oral, sino que se extiende también al literario. Comienza a desarrollarse así la Retórica literaria, como un instrumento del arte literario, de tal modo que en la Edad Media, considerada como el auténtico arte de la persuasión, la Retórica pasó a abarcar a todas las ciencias, ya que todas ellas se consideraba que eran objeto de opinión, de manera que resultaba necesario acudir a todos los recursos

---

5 En consonancia con la mentalidad griega, el sustrato filosófico y ético de la Retórica fue afirmado fervientemente en Roma por Cicerón, quien la definía como *ratio dicendi*, relacionándola así con la necesidad de conocimiento de todas las cosas para ser ejercida bien, de tal manera que la Retórica venía a ser arte de hablar y pensar con justeza, regido y guiado, en última instancia, por la sabiduría. Cicerón reaccionaba así frente a quienes sostenían que la Retórica ni siquiera era susceptible de ser considerada un arte, sino que simplemente consistía en un compendio de cualidades innatas y naturales de ciertos individuos que se desarrollaban a través de su práctica (CICERÓN, M.T., Sobre el orador, introd., tr. y notas de J.J. Iso, Madrid, Gredos, 2002).

para exponerlas y cultivarlas con verdadera fuerza persuasiva, y entre tales recursos pasó a ocupar un lugar fundamental la Retórica.

Fue desde el Renacimiento y durante toda la Modernidad cuando la Retórica será considerada, cada vez en mayor grado y medida, casi exclusivamente como ciencia literaria hasta prácticamente el siglo XX, donde, con motivo de la eclosión de las filosofías fenomenológicas y hermenéuticas, se recupera con el *status*, en muchos casos, de verdadera Filosofía. De este modo, la Retórica termina por abarcar todo el espectro comunicacional de que es capaz el ser humano y adquiere definitivamente todas sus dimensiones como fenómeno intrínseco a la comunicación en todos los ámbitos de la vida humana.

2. RETÓRICA Y COMUNICACIÓN

La vinculación entre Retórica y comunicación es esencial. Ya la concepción aristotélica de la Retórica, como hemos visto, presupone el hecho de la comunicación como algo intrínseco a la naturaleza humana, no solo porque antropológicamente el hombre sea, entre otras cosas, un ser comunicacional, sino también porque el acto concreto de comunicación, por muy rudimentario que sea, para resultar convincente, precisa de la puesta en práctica de un cierto grado de persuasión por parte de quien lo realiza frente a su auditorio. Por lo tanto, la Retórica está concernida por el lenguaje, y el lenguaje, a su vez, no puede prescindir de la Retórica para cumplir eficazmente su función comunicativa, en tanto que elemento esencial del mensaje que se quiere transmitir, ya sea bajo la más prosaica cotidianidad o bajo la exquisitez del lenguaje más estilizado y poético.

La comunicación es una praxis social del ser humano que lo conforma como tal y en el contexto en que se opera el acto de comunicación resulta inevitable la Retórica como elemento configurador de las relaciones humanas a través de sus prácticas comunicativas cotidianas; de ahí que la Retórica supere el mero ámbito de la comunicación estética, la cual no es otra cosa que un tipo específico de aplicación de la Retórica operado en un acto comunicativo (también específico) que consideramos *artístico*[6]. De hecho, todo acto comunicacional presenta, en general, tres componentes retóricos:

a) El *logos* hace referencia a las palabras que conforman el discurso, tomadas en su significado convencional y en su sentido lógico-racional. De este modo, el discurso pretende llegar a su destinatario o auditorio bajo la racionalidad y la lógica que rigen las palabras que emplea para elaborarlo, de tal manera que el auditorio se convenza o persuada de acuerdo con tales criterios lógico-racionales; atañe, pues, a la razón del orador.

b) El *ethos* se refiere al tipo de persona y relación que existe entre quien emite el discurso y su destinatario o auditorio; relación que se sustenta en la confianza o credibilidad que estos últimos tienen hacia el emisor, y que se pueden basar en criterios tales como su honestidad, su reputación, su prestigio, etc.; en definitiva, en el crédito personal que haya mostrado y que están ligadas a la integridad y a las capacidades personales que son la base de tal relación de confianza: a mayor confianza, mayor credibilidad, pues. El *ethos* se refiere, así, al carácter del emisor del discurso.

---

6 En este sentido, se desvirtúa la simple concepción de la Retórica como instrumento de la comunicación literaria, que imperó, como se ha dicho, a partir del Renacimiento, la cual la consideraba como el modo de ejercicio de la Poética y, en consecuencia, la entendía como la técnica por antonomasia de aquélla, restringiéndola conceptualmente (vid., por ejemplo, BARTHES, R., Investigaciones retóricas I. La antigua Retórica, ediciones Buenos Aires, Barcelona, 1966).

c) El *pathos* es la capacidad de emocionar al destinatario o auditorio a través de nuestro discurso. Dependiendo del tipo de situación comunicacional, el *pathos* jugará un papel más o menos relevante, en función de la implicación emocional que tengan, tanto el emisor como el receptor, en relación con tal situación. Así pues, las emociones pueden ser de todo tipo: positivas (entusiasmo, cariño, compasión, piedad, etc.) y negativas (temor, animadversión, cólera, odio, etc.). Se trata, pues, de *apelar al corazón* del destinatario o auditorio del discurso para provocar en él determinados efectos emocionales con la carga emotiva de nuestras palabras; tiene que ver, pues, con la emoción del orador.

En suma, en acertadas palabras de Gregorio Robles, "todas las expresiones comunicacionales (lingüísticas) se acompañan de un componente retórico más o menos complejo. La Retórica, lejos de ser hojarasca verbal o adorno oratorio, es un componente constitutivo del lenguaje en cualquiera de sus formas. Por supuesto, este análisis es trasladable a cualesquiera situaciones y actos de comunicación"[7].

Veamos a continuación a qué se refiere el profesor Robles cuando habla de "hojarasca verbal" y "adorno oratorio"; es decir, a la cuestión de las relaciones de la Retórica con la verdad.

3. RETÓRICA, VERDAD Y JUSTICIA

En la tercera de sus acepciones, el Diccionario de la Real Academia Española de la Lengua define el adjetivo *retórico* como algo "vacuo, falto de contenido". En la séptima acepción lo define también como "sofisterías o razones que no son del

---

7 ROBLES MORCHÓN, G., Retórica para juristas, Santiago de Chile, Olejnik, 2019, 85.

caso". Tales definiciones no hacen otra cosa que recoger toda una tradición semántica y cultural que atribuye un carácter despectivo a la Retórica y a algunas de sus aplicaciones concretas, las cuales hacen referencia a la futilidad y a la capacidad de cinismo y manipulación que pueden acompañar a estos usos potenciales de la Retórica.

En este punto, se nos presenta de frente la espinosa cuestión de las relaciones entre la Retórica y la verdad. No viene al caso aquí entrar en el difícil y sempiterno problema filosófico de la verdad, el cual tiene múltiples proyecciones (religiosas, éticas, morales, epistemológicas, etc.); a los efectos de este trabajo, nos ceñimos a un tipo de verdad muy concreto: la *verdad moral*[8]. Ésta implica directamente a la racionalidad práctica y, consecuentemente, a los valores y virtudes que entran en juego en un plano fáctico y material, esto es, en el plano del comportamiento humano en todas sus dimensiones, tanto individual (moral individual) como social (moral social). De este modo, la preocupación por la realización efectiva de *lo moralmente verdadero* constituye el eje central de su reflexión, materialmente explicitado en *buenas y justas razones* a la hora de argumentar, en *buenos y justos argumentos*, en suma[9].

Dicho esto, podemos concluir en que la Retórica está preñada de moralidad y, bajo este punto de vista, no necesariamente tiene porqué ser una técnica de manipulación de la verdad,

---

8 Partimos de la distinción entre Ética y Moral, entendiendo que la primera se encuentra en un nivel reflexivo, especulativo, en torno al Bien, mientras que la segunda se ocupa de las normas, códigos, costumbres, instituciones, etc., dirigidas a la persona individual y a las sociedades para constituirse y desarrollarse bajo una vida buena. La Ética se encuentra, pues, en un plano abstracto, mientras que la Moral se halla en un nivel más concreto (DE LA TORRE, J., Ética y Deontología jurídicas, Madrid, Dykinson, 2000, 72).

9 Me remito a lo dicho en el capítulo II sobre las concepciones materialistas de la argumentación jurídica, las cuales tienen por objeto el discernimiento y valoración de las buenas y malas razones en la argumentación.

sino que, regida por la honestidad moral, constituye un factor fundamental y muy eficaz para reforzar la verdad y la justicia de todo discurso; y decimos "honestidad moral" porque, en la medida en que el discurso moral es un discurso justificativo, es necesario siquiera un objetivismo moral mínimo que haga posible tal justificación[10]. He aquí la vertiente moral de la Retórica, presente cuando se la quiere reducir despectivamente a mera técnica de manipulación del auditorio y que podríamos denominar *dimensión semántica* de la Retórica.

Junto a esta *verdad moral*, hay que hacer referencia también a lo que podríamos llamar *verdad objetiva* o *verdad científica*. En este sentido, todo discurso descriptivo de la realidad lleva implícita una *verdad objetiva*, mayor o menor en función del grado de precisión científica que conlleve, la cual supone asimismo un mayor o menor grado de corrección y de coherencia entre la realidad descrita y el discurso que la enuncia bajo una retórica, podríamos decir, *neutral*. La verdad considerada bajo esta perspectiva viene a ser expresión de la *dimensión lógica* de la Retórica.

La cuestión de las relaciones entre Retórica y verdad fue directamente abordado por vez primera por Platón. En su célebre *Fedro*, el filósofo distinguió, al respecto, entre *verdadera* y *falsa* Retórica[11], aplicando ya una perspectiva más depurada

---

10 Para entender adecuadamente el alcance de lo que denomino aquí objetivismo moral, es muy útil la distinción entre "posición objetivista en la moral" y "objetivismo moral". Según el primero, los juicios morales no son absolutos, sino que son susceptibles de crítica y discusión; mientras que el segundo considera absolutos tales juicios, fuera toda crítica y discusión. Me estoy refiriendo aquí a un concepto de objetivismo moral en sentido amplio, que engloba a ambos (vid. GRAJALES, A.A., NEGRI, N.J., Sobre la argumentación jurídica y sus teorías, Madrid, Marcial Pons, 2018, 90).

11 Con anterioridad, en el Gorgias, Platón distinguió entre verdad retórica y retórica de la adulación para referirse con la segunda a la Retórica vacua y manipuladora de los no instruidos y, por lo tanto, dirigida a sus emociones y

filosóficamente. Para Platón, la *verdadera* Retórica (la *Retórica filosófica*, según el autor) sería aquella que se sustenta sobre su consideración ontológica, considerando la verdad como una de sus propiedades esenciales, en tanto que la *falsa* sería pura y simple apariencia de Retórica, no auténtica, limitándose así a su aspecto únicamente persuasivo, de tal manera que a lo máximo que puede aspirar es a la verosimilitud, más que a la verdad (para el filósofo, la *Retórica sofista*)[12].

La *Retórica sofista*, para Platón, es escrita y sirve únicamente para hablar bien buscando solo efectismos a través de formulismos e impostaciones; la *Retórica filosófica*, por el contrario, es oral, se da en un discurso oral, y su sentido es aprender a pensar sobre la base de la verdad[13]. Precisamente, el carácter oral de la Retórica filosófica es lo que lleva a Platón a relacionarla con la Dialéctica, y que pasamos a tratar a continuación.

En suma, bajo estos dos presupuestos, es como ha de valorarse la cuestión de la verdad desde la perspectiva de la Retórica como medio de elaboración de discursos.

4. TÓPICA, RETÓRICA Y DIALÉCTICA

No se pueden entender las relaciones entre la Retórica y la Dialéctica, sin detenerse también, siquiera mínimamente, en la Tópica, ya que ésta constituye una técnica instrumental de argumentación que atraviesa esencialmente a ambas.

---

sentimientos (propia de los sofistas), en contraposición con la primera, que entendía que era un medio para lograr la verdad y la justicia (propia de los filósofos) (PLATÓN, Gorgias, 517 a).

12 PLATÓN, Fedro 263 b.

13 PLATÓN, Fedro 279 e.

Denominada *ars inveniendi* desde Aristóteles, la Tópica puede definirse como el arte de encontrar los "lugares comunes" (*topói*) a partir de los cuales se obtienen argumentos para el discurso y para el debate. Se trata, por lo tanto, de una técnica para la búsqueda de premisas para la argumentación (los mentados *tópoi*) que también indaga en la naturaleza y en el uso de tales premisas[14], lo cual implica que sea el contexto de la discusión (de la Dialéctica, como veremos seguidamente) donde se incardine sistemáticamente.

Los *tópoi, tópicos* o *lugares comunes* son referentes discursivos que se tienen por algo común o convencionalmente aceptado, los cuales, debido a su aceptación general, son compartidos y asumidos por parte de los interlocutores que intervienen en la discusión o debate. Tópicos pueden ser, por ejemplo, una tesis generalmente aceptada, una norma, una determinada descripción de la realidad (un *marco mental*, se dice hoy un tanto pedantemente), un argumento cualquiera o un referente cultural para los actores del debate.

Tal dependencia de contextos dialécticos concretos implica que la Tópica no sea un arte o técnica basada en procedimientos lógico-deductivos a partir de verdades primeras que actúan como presupuestos indiscutibles del debate, a partir de los que se llega a verdades particulares para problemas y situaciones concretas; sino que apela a otros elementos, podríamos decir *extra-lógicos,* que acontecen en el calor de la discusión. De ahí que la Tópica se dé siempre en el plano del razonamiento práctico[15], donde lo que se pretende es llegar a soluciones *razonables* (mejor que *racionales*) para un problema concreto; en definitiva, a un consenso a través de la confrontación dialéctica, donde la deducción lógica juega un papel que puede ser más

---

14 ATIENZA, M., Las razones del Derecho. Teorías de la argumentación jurídica, Madrid, Centro de Estudios Constitucionales, 1997, 57.

15 ARISTÓTELES, Tópicos, I, 1, 100 a 25-101 a 20.

o menos relevante, pero que no es totalmente determinante. En consecuencia, la Tópica (y los tópicos) tienen una utilidad enorme para razonar y discutir en el plano práctico por entrar en el ámbito de lo plausible, más que de lo demostrable y, por lo tanto, de lo discutible, más que de lo irrebatible.

Como afirma Aristóteles (considerado por Cicerón el *princeps* de los filósofos en esta materia), las relaciones entre la Tópica y la Dialéctica son muy estrechas precisamente por razones de utilidad de aquélla para con ésta, a la cual le resulta muy útil por ser una técnica que se desarrolla en el ámbito de lo probable, de lo plausible, que es el espacio propio de la Dialéctica. En este sentido, en un párrafo fundamental para comprender la Dialéctica aristotélica, afirma el Estagirita sobre la utilidad de ésta:

> "Se podría decir para cuántas y cuáles cosas es útil este estudio [el de la Dialéctica]. Y lo es para tres cosas: para ejercitarse, para las conversaciones y para los conocimientos en Filosofía. Pues bien, que es útil para ejercitarse resulta claro por sí mismo: en efecto, teniendo un método, podremos habérnoslas más fácilmente con lo que nos sea propuesto; para las conversaciones, porque, habiendo inventariado las opiniones de la mayoría, discutiremos con ellos, no a partir de pareceres ajenos, sino de los suyos propios, forzándoles a modificar aquello que nos parezca que no enuncian bien; para los conocimientos en Filosofía, porque, pudiendo desarrollar una dificultad en ambos sentidos, discerniremos más fácilmente lo verdadero y lo falso en cada cosa. Pero es que además es útil para las cuestiones primordiales propias de cada conocimiento. En efecto, a partir de lo exclusivo de los principios internos al conocimiento en cuestión, es imposible decir nada sobre ellos mismos, puesto que los principios son primeros con respecto a todas las cosas, y por ello es necesario discurrir en torno a ellos a través de las cosas plausibles concernientes a cada uno de ellos. Ahora bien, esto es propio o exclusivo de la Dialéctica: en efecto, al ser adecuada para examinar (cualquier cosa), abre camino a los principios de todos los métodos"[16].

---

16 ARISTÓTELES, Tópicos, I, 1, 101 a 25-101 b.

A partir de las relaciones entre Tópica y Dialéctica aquí descritas, puede afirmarse que la Dialéctica constituye -prosigue Aristóteles- "un método que nos permite argumentar, a partir de premisas admitidas comúnmente [los tópicos], sobre cualquier problema propuesto"[17]. Así pues, se trata de un método para dialogar, para razonar y debatir con quien se debate, y que se aplica a cualquier tema o asunto de la naturaleza que sea (teológico, político, ético, científico, jurídico, etc.); por lo tanto, la Dialéctica no se da, en ningún caso, en el ámbito de la racionalidad que *debate monológicamente*[18], consigo misma.

De este modo, la Dialéctica puede definirse, en su más amplia acepción[19], como la *ciencia de lo probable, de lo plausible, de lo razonable*, esto es, de la razón contextualizada en una situación

---

17 ARISTÓTELES, Tópicos, I, 1, 100 a 18-21.

18 Esto es una contradicción para Aristóteles, ya que el debate se da siempre en el contexto del diálogo entre dos o más racionalidades.

19 Digo "en su acepción más amplia", porque para Aristóteles la Dialéctica es un método aplicable también para llegar a la verdad ("para los conocimientos en Filosofía", dice el Estagirita en la cita arriba reproducida, la cual, para Aristóteles, constituye el ámbito de la verdad, la ciencia por excelencia: es el uso científico de la Dialéctica), es decir, para obtener conclusiones que entran bajo un estricto ámbito de racionalidad, y no solo de razonabilidad, que es la razón situada históricamente. Por eso dice Aristóteles que "al ser adecuada para examinar (cualquier cosa), abre camino a los principios de todos los métodos", esto es, a los principios de todos los discursos científicos. En suma, como dice Alfonso García Marqués, "la Dialéctica, en su uso científico y tal como la describe Aristóteles, se puede considerar el método general de la ciencia, pues es el camino que conduce a los principios (axiomas, hipótesis): nos permite establecerlos, defenderlos, etc.; y, en general, a través de las aporías permite la elaboración de la ciencia. Eso no obsta, para que el momento deductivo enriquezca y ordene lo ya encontrado, puesto que se trata de argumentar sobre un tema, y nada impide emplear la apódeixis [la demostración] para obtener conclusiones" (GARCÍA MARQUÉS, A., "Aristóteles: la construcción de la episteme. Una propuesta metodológica para la ciencia de hoy", *Daimon. Revista Internacional de Filosofía,* Suplemento 4, 2011, 241-254).

concreta donde dos o más interlocutores intercambian sus razones entre sí para llegar a una solución a un problema determinado que se da un ámbito donde cabe un discurso mínimamente racional. La Dialéctica es, pues, un método aporético, que permite razonar en situaciones donde se da una aporía o problema que ha de resolverse.

Dicho esto, estamos en condiciones de plantearnos las relaciones entre la Retórica y la Dialéctica, de cara perfilar aún mejor el marco conceptual de la Retórica. Al respecto, Aristóteles afirma: "La Retórica es una antístrofa de la Dialéctica, ya que ambas tratan de aquellas cuestiones que permiten tener conocimientos en cierto modo comunes a todos y que no pertenecen a ninguna ciencia determinada"[20].

La palabra "antístrofa" significa aquí, como indica Quintín Racionero, que entre la Dialéctica y Retórica se da simultáneamente identidad y oposición[21], tal y como el propio Aristóteles puntualiza seguidamente en la cita reproducida. Se da una *identidad* en que ambas son transversales a toda ciencia sin ser propias de ninguna ciencia determinada; y *oposición* en la medida en que la Dialéctica se refiere a la facultad de deliberación, a la capacidad para debatir, se tenga o no intención de persuadir en interés y utilidad propias, y por lo tanto de distorsionar, de algún modo, la argumentación que se esgrima en la deliberación y el debate; mientras que la Retórica alude a la facultad e intención de convencer al auditorio en la deliberación o el debate, sin ocuparse de la persuasión para obtener de manera distorsionada un interés o utilidad personal, la cual es propia de la Dialéctica[22].

---

20 ARISTÓTELES, Retórica, I, 1, 1358 a.

21 *Ibidem,* nota a pie de pág. 1, 161.

22 ARISTÓTELES, Retórica, I, 1, 1355 b 10-20.

La postura aristotélica difiere de la platónica en que Platón estima que la Dialéctica es una disciplina superior a la Retórica, ya que como "arte de la discusión" resulta más adecuada para el análisis de las argumentaciones y de los argumentos al tener un espectro mayor que el meramente persuasivo (que es una de las funciones específicas que Platón atribuye a la Retórica por influencia de los sofistas, a los cuales pretende criticar) y, por lo tanto, no hallarse condicionada esencialmente por tal elemento persuasivo que puede, en determinados casos, distorsionar el proceso de búsqueda de la verdad que es (debe ser, según Platón) esencial a la Dialéctica, el cual constituye el método filosófico por excelencia para el filósofo[23].

En suma, ambas posturas nos sirven para comprender que es el modo en que se considere a la convicción y a la persuasión la clave para distinguir entre Retórica y Dialéctica, y para comprender sus relaciones.

5. LOS GÉNEROS RETÓRICOS CLÁSICOS

Los distintos tipos de discurso que se han ido desarrollando a lo largo de la Historia han dado lugar a los llamados *géneros retóricos.* En Retórica, pues, los tipos de discurso no son otra cosa que los géneros retóricos. Fue Aristóteles quien sistematizó por primera vez los géneros retóricos dividiéndolos en tres grandes tipos, según el tipo de público o auditorio a quien se dirige y el momento temporal en que tiene lugar el discurso: el deliberativo, el epidíctico o demostrativo y el judicial. Hoy se consideran los géneros retóricos clásicos[24].

---

23 PLATÓN, Fedro, 277 a y 277 c.

24 Parece ser que el primer testimonio documentado sobre la clasificación de los géneros retóricos se encuentra en *La Retórica a Alejandro,* de Anaxímenes de Lámpsaco, de mediados del siglo IV a.C. aproximadamente, y, por lo tanto,

El *género deliberativo* es el propio de la asamblea, es decir de un grupo donde se reúne un grupo de personas que, frente a un problema que se les plantea, deliberan, debaten, aconsejan y ponderan de cara a tomar una determinada decisión que se pretende la mejor para solucionar tal problema; en definitiva, sobre si es conveniente o no llevar a cabo lo que se propone. Estos discursos tienen por objeto, pues, las relaciones políticas y sociales, las elecciones de jefes, las votaciones de una ley o cualquier otra decisión que haya que tomar con la intervención de los oyentes. Como vemos, el género deliberativo por antonomasia es la asamblea política (los parlamentos, en la actualidad).

La deliberación se estructura de la siguiente manera: se parte de la invocación de los hechos que han provocado el problema, los cuales pueden ser de muy diversa índole (naturales, políticos, económicos, sociales, etc.), y de los antecedentes que pudieran existir en relación con la búsqueda de solución al problema por parte de tal asamblea. Sobre la base de estos precedentes pasados, la deliberación se produce en el presente con el fin de tomar una decisión resolutiva del problema hacia el futuro (como dice Aristóteles, la *felicidad*, en mayor o menor grado, que es el objetivo de todo ser humano[25]).

En torno a los límites de la deliberación, Aristóteles exige que ésta sea realista, es decir, que solo puede deliberarse sobre lo que es posible, afecta a los miembros de la asamblea y pueden ofrecer una solución que está en su mano, excluyendo lo imposible, lo posible que es natural, azaroso y/o causal[26].

---

algo anterior a la Retórica de Aristóteles. Es el primer tratado completo de Retórica que se conserva.

25 ARISTÓTELES, Retórica, I, 1, 1358 a 37-1358 b 8, 1360 b 5.

26 ARISTÓTELES, Retórica, I, 1, 1359 a 35; 1359 b

El género deliberativo está muy relacionado con la Dialéctica porque sus discursos implican discusión interpersonal entre quienes intervienen en los debates, bien a favor o bien en contra de lo que se ha de decidir. Se tratará de lograr así lo bueno y lo conveniente a tenor del problema que se le presenta a la asamblea.

El *género epidíctico o demostrativo* consiste en alabar o denigrar a alguien o a algo. Los discursos epidícticos tratan de poner de manifiesto, de *demostrar*, las cualidades, conductas y acciones de una persona o grupo de personas, con el propósito de alabarla/s ("discurso epidíctico positivo") o de vilipendiarla/s si son reprobables ("discurso epidíctico negativo"). Ejemplo de discurso epidíctico positivo es la *laudatio* funeraria cuando ha fallecido una persona y se ensalzan sus virtudes, cualidades y obras; ejemplo de discurso epidíctico negativo es el alegato personal proferido por el fiscal en el curso de un juicio oral en un proceso penal en el cual vitupera al reo al que se acusa de la comisión de un delito. En ambos casos, el género epidíctico comporta casi siempre una valoración personal, aun cuando también pueda referirse a entidades impersonales e instituciones (el Estado, la nación, una empresa, etc.).

A diferencia del género deliberativo -donde el auditorio es la propia asamblea en el seno de la cual se delibera, y se delibera, como hemos dicho, *ad futurum*, tratando de obtener una solución al problema que se plantea-, en el género epidíctico, el auditorio es el espectador del discurso laudatorio o reprobatorio y se da en un tiempo presente con la peculiaridad de que suele ser, la mayoría de los casos, un discurso hiperbólico de la persona o del ente de los que se habla, ampliando por lo general sus cualidades (cuando es una alabanza) o sus defectos (cuando se trata de un discurso reprobatorio). Por ello se dice que el argumento característico de este género retórico es la *amplificatio* (*amplificación*), y también que es el género que tiene una relación más lejana con la Dialéctica, ya que se busca el efecto de que el auditorio se identifique, o al menos se adhiera, con lo que el orador dice, valorando la alabanza o vituperio realizado por el orador y la forma en que lo hace. Aun cuando el auditorio (a diferencia del discurso deliberativo y del judicial) no tiene ninguna capacidad de influencia o de decisión en relación con los acontecimientos, tiene un papel pasivo si lo comparamos con los otro géneros retóricos.

En este sentido, Aristóteles distingue tres tipos de discursos epidícticos: el elogio, el panegírico y la felicitación. El elogio ensalza la virtud del elogiado o elogiados; el panegírico tiene por objeto una determinada acción virtuosa y la felicitación comprende a ambos[27].

Por último, el *género judicial*, el cual (como su nombre indica) tiene lugar en el contexto de los procesos judiciales, tanto en sus fases escritas como orales. Tiene como objeto los discursos de las partes de un proceso judicial de cara a convencer al juez en relación con sus pretensiones e intereses en el marco del ordenamiento jurídico (de lo justo y de lo injusto, señala Aristóteles). Se discute en el presente (el presente representado por el proceso judicial, regulado por el Derecho procesal) sobre determinados hechos acaecidos en el pasado, de cara a obtener una decisión judicial que tiene consecuencias en el futuro.

Así pues, el género judicial está muy relacionado con la Dialéctica, no solo por compartir la estructura fundamental del género deliberativo en tanto que espacio de interrelación entre sujetos que deliberan en el presente sobre el pasado exponiendo sus posturas con miras al futuro (bajo la dialéctica acusación-defensa), sino también porque el elemento persuasivo tiene mucho peso con el propósito de convencer y persuadir al juez en favor de cada una de las partes del proceso. De modo que es la disputa entre las partes el elemento que rige el

---

27 ARISTÓTELES, Retórica, I, 1, 1368 a.

género judicial, donde no se trata solo de defender la postura de cada uno dentro del marco legal, sino también de destruir (de *refutar*, se dice en Retórica) la postura del contrario con la intención de influir y decantar la decisión del juez en favor de cada cual.

En determinados momentos, el género judicial se relaciona también intensamente con el género epidíctico, tanto positivo como negativo, como acontece en el momento en el cual, en el curso del proceso judicial, los abogados de ambas partes elogian a su cliente o vituperan al adversario en pro de su particular interés jurídico.

6. OTROS GÉNEROS RETÓRICOS

Fue en la Roma clásica, con la gran obra de Quintiliano *Institutio oratoria*, cuando, a partir de la herencia helénica y de los desarrollos latinos precedentes (la *Rhetorica ad Herennium* y las ideas de Cicerón[28]), se define definitivamente la llamada *Rhetorica recepta*, esto es, el más amplio y completo tratado sobre Retórica realizado hasta entonces. Quintiliano no se limita a recoger sin más los géneros retóricos clásicos, sino que los concibe partiendo de una tesis fundamental que va a marcar la posterior aparición de nuevos géneros retóricos: la importancia fundamental de la Retórica como saber para la formación integral del ser humano.

---

28 La *Rethorica ad Herenium* fue el primer tratado latino sobre Retórica, de autor desconocido, que adapta toda la tradición retórica griega al mundo romano. Cicerón desarrolló sus propias ideas sobre Retórica en sus célebres *Orator* y *De oratore*, en los cuales insistía sobre la necesidad de que Retórica y Filosofía constituían dos caras de la misma moneda, criticando a aquellos que entendían que se trataba de dos disciplinas distintas. Esta tesis ciceroniana influyó notablemente en la obra posterior de Quintiliano.

Bajo este contexto, surge el *género docente*, consistente en el arte de enseñar al alumno o al discípulo; en consecuencia, se trata de un tipo discurso con un sentido acentuadamente pedagógico, volcado en que la transmisión de conocimientos entre docente y alumno sea lo más eficaz posible. Por lo general, el género docente suele de carácter oral.

En efecto, en la Edad Media, la Retórica experimenta un cambio importante y se orienta hacia la práctica. A partir del siglo XI surgen nuevos géneros retóricos en este sentido: el *ars dictandi* o *dictaminis* (siglo XI) sobre el arte de escribir cartas; el *ars poetriae* o *poeticae* (siglo XII), donde se establecen normas gramaticales, métricas y retóricas para escribir poesía; y el *ars praedicandi* (siglo XIII), sobre la técnica de elaborar sermones. Todos ellos coexistirán aproximadamente hasta el siglo XIV.

El *ars dictandi* o *dictaminis* es el arte de escribir cartas o *género epistolar*, consistente en un elenco de fórmulas estereotipadas (encabezamiento, designación del destinatario, saludo, tema o asunto principal de la carta, despedida adecuada y decorosa, y firma del autor de la carta), las cuales se usan de manera más o menos convencional en función del tema y del destinatario de la carta. El discurso epistolar es únicamente escrito, de modo que el autor y el destinatario no se hallan presentes de manera simultánea en el acto de comunicación, existiendo un lapso temporal entre ellos, y con la posible respuesta del receptor de la carta.

El *ars poetriae* o *poeticae* dio lugar a teorías y técnicas gramaticales, métricas y retóricas para lograr convertirse en un buen poeta. El *género poético* constituye el género retórico que conjuga expresamente creación poética y Retórica.

Finalmente, el *ars praedicandi* dio lugar a un tipo de género retórico específico: el *género religioso.* Este género tiene como prototipo el sermón, el cual consiste en una prédica, discurso o plática donde el predicador transmite el mensaje bíblico al auditorio de una manera precisa, breve y convincente con el fin de aplicar tal mensaje a las circunstancias, realidades y problemas actuales. Así pues, el género religioso requiere de una buena formación teológica y una sutileza especial por parte del orador (al igual que el género docente, este tipo de discurso suele ser oral) para conectar el mensaje bíblico con los acontecimientos presentes sobre los que se predica.

A partir del Renacimiento, la Retórica se polariza casi únicamente en el género poético, produciéndose un proceso de *elocuentización* de la Retórica, la cual se viene a considerar como un mero y exclusivo instrumento de la creación estética literaria en general; del mismo modo que se produce también una *poetización* de la Retórica, la cual se centró preferentemente en las figuras literarias, a las que se llamó "figuras retóricas". El *ornatus* del discurso pasa a ser el referente en torno al cual giran ambas, más que su capacidad de convicción o persuasión.

El ostracismo de la Retórica llegó con el Romanticismo del siglo XIX, el cual la desautorizó al verla como un medio que limitaba, e incluso estrangulaba, la individualidad del orador, hasta que, a mediados del siglo XX, se produce su *revival* con motivo de la revalorización del discurso persuasivo y de la Teoría de la argumentación en el marco de los sistemas democráticos deliberativos y plurales por aquel entonces.

Esta tendencia se ha ido acentuando hasta los tiempos actuales. De esta manera, se ha producido también la recuperación y la revalorización de los géneros retóricos bajo nuevas expresiones como, por ejemplo, el *género publicitario* y el *propagandístico,* donde los géneros clásicos adquieren formas y manifestaciones nuevas.

CAPÍTULO V.
LA RETÓRICA JURÍDICA

1. RETÓRICA Y DERECHO: PRELIMINARES

Los mismos orígenes históricos de la Retórica la vinculan ya con el Derecho, tanto en su dimensión teórica como en la práctica. Así lo demuestra la Historia de la Retórica, la cual se estima que nació en torno al 485 a. de C. en la ciudad siciliana de Siracusa, con motivo de la expropiación de tierras llevadas a cabo a los siracusanos por parte del rey Gelón y su sucesor Hierón I, con el fin de adjudicárselas a miembros de su ejército personal. Tiempo después, cuando los tiranos fueron derrocados, se instauró la democracia y los damnificados pretendieron recuperar sus propiedades, lo cual dio lugar a una serie de pleitos en los cuales se manifestó la importancia de la elocuencia para la obtención de sus objetivos. Por lo tanto, la Retórica tuvo su origen en el ámbito judicial, y muy relacionada también con lo político[1]; de ahí que el género retórico originario (y, por lo tanto, matriz conceptual de la Retórica en general) sea el género judicial.

En efecto, una de las características fundamentales del Derecho es que constituye un espacio de comunicación entre las personas[2]. Ligado a esta condición comunicacional -como hemos visto en capítulos anteriores-, el Derecho es también un

1 MURPHY, J.J., Sinopsis histórica de la Retórica clásica, Madrid, Gredos, 1988.

2 Por ejemplo, el filósofo del Derecho español Gregorio Robles denomina a su teoría jurídica directamente "Teoría comunicacional del Derecho", partiendo del presupuesto fundamental de que el Derecho es primordialmente un ámbito de comunicación.

ámbito de argumentación y, por lo tanto, como tal ámbito donde la justificación de lo que se afirma es lo que prima, también lo es de Retórica, ya que esta última es un saber y una técnica vinculada a la composición y exposición de discursos encaminados a convencer y persuadir al auditorio que se trate, se el juez, el jurado, la contraparte en un proceso de negociación, el destinatario de la norma jurídica, el científico, el estudiante de Derecho, etc., según el contexto jurídico que consideremos.

A poco que reparemos en la práctica cotidiana de los operadores jurídicos, comprobaremos fácilmente que la Retórica es un elemento muy importante en su ejercicio profesional, ya que todos ellos, en mayor o menor grado y de una manera u otra, necesitan convencer y persuadir a la otra parte. Especialmente notoria resulta la actividad de los abogados en este sentido, la cual precisa de técnicas retóricas en casi todos sus ámbitos de ejercicio profesional: en los pleitos judiciales, en los procedimientos administrativos decisionales, en los procesos de negociación y mediación extrajudiciales, etc[3]. El Derecho constituye, pues, una práctica comunicativa que lleva en sus entrañas a la Retórica.

Constatada inicialmente la estrechísima relación entre Retórica y Derecho tanto en la teoría como (sobre todo) en la práctica jurídica, nos colocamos en disposición de ofrecer una noción de Retórica jurídica, en tanto que modalidad específica de la Retórica en general, en este caso, en relación con lo jurídico. En ese espacio lingüístico, comunicacional, que denominamos *discurso jurídico* juega un rol fundamental la Retórica, tanto como modo de descubrir la verdad jurídica (y, por lo tanto, de convencer por la fuerza de esta verdad), como técnica instrumental para argumentar, convencer y persuadir jurídi-

---

3 HERNÁNDEZ GIL, A., El abogado y el razonamiento jurídico, Santiago de Chile, Olejnik, 2021.

camente cuando opera *in situ* la racionalidad práctica sobre la que articulan las diversas praxis jurídicas.

2. EL RETORNO A LA RACIONALIDAD PRÁCTICA EN LA FILOSOFÍA JURÍDICA DEL SIGLO XX

En el ámbito de la Filosofía jurídica, la consideración del Derecho como racionalidad práctica, por oposición a su consideración como racionalidad teórica, que fue santo y seña del racionalismo sistemático moderno, tuvo su máximo apogeo a mediados del siglo XX en el contexto del denominado *giro lingüístico* en el pensamiento filosófico en general. Este *giro lingüístico* vino a significar, entre otras muchas cosas, la eclosión de la Filosofía hermenéutica; y, en el ámbito particular de la iusfilosofía, un profundo movimiento crítico frente al positivismo jurídico imperante desde un siglo antes, tanto en su formulación filosófica, como en sus proyecciones prácticas.

No exageramos cuando afirmamos que el problema filosófico central del siglo XX es el problema del lenguaje[4]. No es posible comprender adecuadamente el pensamiento filosófico de nuestro tiempo si se obvia este marco filosófico general, verdadero germen de todas las tendencias filosóficas en prácticamente todos los ámbitos del pensamiento actuales.

En términos muy generales, el *giro lingüístico* consistió en el planteamiento del problema del lenguaje y de su análisis como el fundamento de todo pensamiento filosófico. Significó una nueva manera de comprender filosóficamente el lenguaje

---

4 Esta expresión fue popularizada por el filósofo Richard Rorty en su conocido libro, publicado en 1967, *The linguistic turn* (*El giro lingüístico: dificultades metafilosóficas de la filosofía lingüística*, seguido de "Diez años después" y de un epílogo del autor a la edición castellana, introd. y tr. de G. Bello, Barcelona, Paidós, 1990).

por contraste con el racionalismo moderno, el cual lo entendía bajo un formato estrictamente lógico, abstracto y formalista al cual se supeditan todos los conceptos y la propia realidad. Este racionalismo entendía el lenguaje bajo su propio ideal epistémico de Ciencia; esto es, como un producto sistemático, objetivo y artificial, cuya función comunicativa es meramente instrumental y que se cifra en servir a la verdad científica según el modelo mecanicista de las Ciencias naturales y lógico-matemáticas postulado desde los inicios de la Modernidad, esto es, como una suerte de *lenguaje ideal* con una funcionalidad estrictamente científica.

El *giro lingüístico* supuso un cambio radical en tal consideración del lenguaje, bajo la crítica general a la concepción racionalista en el sentido de que el lenguaje no cumple tal mera función accidental de herramienta que formatea lo real según el estricto corsé del modelo de discurso epistemológico racionalista, sino que el lenguaje y el modo en que se despliega constituyen la sustancia misma de la comprensión de lo real, de tal modo que son en sí mismos los *nudos gordianos* de todo pensamiento filosófico. De esta manera, muta el punto de vista filosófico en torno al lenguaje, visto ahora en las diferentes maneras en que se utiliza según los diversos contextos donde acontecen las situaciones comunicativas y los sujetos concretos que lo usan en tales contextos en los múltiples actos de habla; en suma, se pasa a entender el lenguaje como discurso y, por lo tanto, como acción y como praxis concreta. De este modo, se tiene por fundamento de toda Filosofía al *lenguaje real*, de tal manera que lenguaje y discurso pasan ahora a erigirse en los referentes para comprender y explicar el mundo.

En el ámbito del Derecho, esta tesis significó la crítica y la descalificación del modelo iuspositivista, el cual era producto de la matriz filosófica racionalista, en el sentido de resultar excesivamente reduccionista de la riqueza y pluridimensionalidad de lo jurídico, bajo su estrecho modelo de Ciencia jurídica sistemática, acendradamente formalista. Ante esta situación, se postuló (en especial por parte de la Hermenéutica filosófico-jurídica, auténtica matriz de todo este pensamiento crítico) un retorno a la racionalidad práctica para comprender adecuadamente lo jurídico, ya que se entendía que tal racionalidad práctica es la que lo rige lógicamente, hasta el punto de que el Derecho constituye un producto derivado de tal racionalidad. El Derecho es una praxis social que se expresa (para algunos autores, "es") lingüísticamente y, por lo tanto, debe comprenderse desde una racionalidad capaz de comprenderlo como tal praxis.

Sobre la base de estas ideas, se produjo, especialmente a partir de mediados del siglo pasado[5], la recuperación de los clásicos modelos retóricos y tópicos sobre el Derecho que ya había sistematizado Aristóteles y toda la tradición posterior que hemos expuesto en el capítulo anterior, actualizándolos a los nuevos tiempos, y retomando así una larguísima reflexión sobre la Retórica jurídica que había sido postergada a un segundo plano en el contexto de la Filosofía del Derecho racionalista a partir de la Modernidad, al considerarla una especie de saber meramente literario cuya función era, si acaso, la de servir de ornato en la composición de los textos y discursos jurídicos.

---

5 Desde el punto de vista histórico-político, el resurgimiento de estas tendencias se debió, en general, a la imparable imposición del principio democrático pluralista tras la Segunda Guerra Mundial, el cual sumió en una profunda crisis a la exigencia del simple principio de mayorías (recordemos que, por ejemplo, el nazismo había llegado al poder tras una contundente victoria electoral en la Alemania de Weimar) y puso encima de la mesa la exigencia de diálogo, de acuerdo y de consenso como criterios de legitimación de los actos de formación y aplicación del Derecho.

3. LA REHABILITACIÓN DE LA RETÓRICA CLÁSICA: LA *NUEVA RETÓRICA* DE CHAÏM PERELMAN

Tal vez el más importante y conocido modelo filosófico-jurídico retórico en nuestros tiempos sea el denominado *Nueva Retórica,* elaborado por el filósofo del Derecho belga Chaïm Perelman (1912-1984) a mediados del siglo pasado. Dentro de la amplia obra de Perelman, el hito fundamental es su obra, escrita en colaboración con Lucie Olbrecht-Tyteca, *Tratado de la argumentación. La nueva Retórica,* y publicada en 1958, justo el momento en que, al socaire del anteriormente explicado contexto de rehabilitación de la Filosofía práctica en el pensamiento occidental, empiezan a surgir nuevas maneras de pensar lo jurídico frente al iuspositivismo, y que se suelen etiquetar genéricamente bajo el rótulo de *Teorías de la argumentación jurídica.*

La *Nueva Retórica*[6] de Perelman constituyó una recuperación de la Retórica aristotélica clásica desde la perspectiva del Derecho: concebía lo jurídico directamente como un producto retórico y el saber jurídico como Retórica. Partiendo del mentado modelo clásico aristotélico, Perelman afirmó la vinculación de la Retórica con la Filosofía, integrando aquélla en ésta, al afirmar que ambos comparten el objetivo de convencer en general a sus respectivos auditorios, si bien su sentido y gradación son distintos: la Filosofía pretende convencer a un audi-

---

6 Perelman prefirió denominar a su teoría como *Retórica,* mejor que Dialéctica, por la importancia central que otorgaba al concepto de auditorio, además de que el término Dialéctica le parecía muy equívoco, habida cuenta de la diversidad de significados que ha tenido a lo largo de la Historia (ATIENZA, M., Las razones del Derecho, op. cit., 48).

torio universal e ideal, mientras que la Retórica a un auditorio particular y concreto[7].

En consecuencia, según Perelman, la lógica formal de la demostración, propia de una racionalidad teórico-sistemática y sustentadora de las ciencias en sentido moderno (las Matemáticas y las Ciencias físico-naturales: las llamadas *Ciencias en sentido fuerte*) resulta inadecuada y en gran parte inaplicable a las Ciencias filosóficas, humanísticas y sociales (*Ciencias en sentido débil*), en las cuales rige, por el contrario, una racionalidad práctica cuyos objetos de reflexión y sus métodos de conocimiento fundamentales parten del lenguaje, de la interpretación del mundo y de los valores. Las primeras parten de pruebas evidentes, racionales y objetivas, mientras que las segundas lo hacen desde pruebas probables, razonables y afectadas de cierta carga subjetiva.

A la luz de estos presupuestos generales, Perelman postuló una concepción de la Retórica cuyo objeto de estudio está constituido por los métodos y las técnicas que tienen como fin incitar y estimular a los distintos auditorios concretos y particulares (aquellos a los que se pretender influir) para que se adhieran a las tesis que se presentan; en suma, convencerlos y persuadirlos. En esta línea, el autor definía *auditorio*, desde el punto de vista retórico, como "el conjunto de aquellos en quienes el orador quiere influir con su argumentación. Cada orador piensa, de forma más o menos consciente, en aquellos a los que intenta persuadir y que constituyen el auditorio al que se dirigen sus discursos"[8].

---

7 Cfr. PERELMAN, Ch., y OLBRECHTS-TYTECA, L., Tratado de la argumentación. La nueva Retórica, tr. de la 5ª ed. por J. Sevilla Muñoz, Madrid, Gredos, 1989, 75 y ss.

8 *Ibidem*, 55.

No obstante, la distinta gradación existente entre los diversos auditorios permite distinguir a su vez, según Perelman, entre *convencer* y *persuadir*, entendiendo por un *discurso convincente* aquel que pretende la adhesión intelectual de todo ser de razón (para un *auditorio universal*), y por *discurso persuasivo* aquel que persigue ser válido solo para un *auditorio particular*. Precisamente, como hemos dicho, es en el carácter particular y concreto de los diversos auditorios donde entra en juego la Retórica, de ahí que los diversos auditorios que son propios del Derecho (el juez, las partes y el jurado en un proceso judicial, la parte contraria en un proceso de negociación jurídica, etc.: los *auditorios jurídicos*), por su condición de praxis racional, se inscriban dentro de este tipo de auditorios concretos.

En consecuencia, para Perelman el Derecho no es otra cosa que pura y simple *técnica* regida por una racionalidad práctica (es más, para Perelman el razonamiento jurídico constituye el razonamiento práctico por antonomasia), más en concreto *retórica*, cuyo sentido es servir a un determinado ideal de justicia en un momento concreto y determinado, que permita ofrecer una solución aceptada por todos aquellos actores que se encuentran inmersos en los procesos comunicativos y discursivos en juego. Ya no basta la ley abstracta y formalmente establecida como criterio exclusivo de realización de un determinado ideal de justicia según un principio de racionalidad sistemática, sino que necesariamente debe apelarse e integrarse elementos extra-legales como la equidad, los valores, las circunstancias particulares del caso concreto, etc., para llegar, mediante la argumentación jurídica, a una solución verdaderamente justa, esto es, *razonable*. De este modo, no se traiciona la esencia de lo jurídico como ámbito de razonabilidad práctica (como una *lógica de lo razonable*), más que de racionalidad teórica (como una *lógica racional*).

En definitiva, en la *Nueva Retórica* de Perelman, el Derecho se entiende como un espacio ontológico donde acontece un determinado tipo de razonamiento práctico que se expresa racionalmente de manera fundamentalmente retórica.

4. LA RECUPERACIÓN DE LA TÓPICA JURÍDICA POR THEODOR VIEHWEG

Recordemos que Aristóteles vinculó inescindiblemente la Retórica con la Tópica. En efecto, no se puede entender una sin la otra en el sentido de que -ya decía el Estagirita- la Tópica constituye una disciplina técnica que juega un papel instrumental con respecto a la Retórica.

En el ámbito específico de lo jurídico ocurre también así. No es de extrañar, pues, que el antes citado resurgimiento de la Retórica jurídica bajo el contexto de recuperación de la racionalidad práctica a mediados del siglo pasado alcanzase también a la Tópica. Tal recuperación se produjo de la mano del jurista y filósofo del Derecho alemán Theodor Viehweg (1907-1988), autor de la que acaso sea la más importante elaboración teórica sobre Tópica jurídica en la actualidad. Su más importante obra sobre el tema, *Tópica y jurisprudencia* (1953), constituye un clásico contemporáneo del pensamiento tópico-jurídico.

La Tópica jurídica de Viehweg ha sido caracterizada genéricamente como "Jurisprudencia de problemas"[9]; y es que su punto de partida es la consideración de lo jurídico como un espacio problemático y la Ciencia jurídica, consecuentemente, como una suerte de *Ciencia sobre problemas jurídicos.* No puede ser de otro modo, en tanto que lo jurídico se entiende como

---

9 ALBERT MÁRQUEZ, J.J., Introducción a la Retórica jurídica. Una aproximación desde la Filosofía del Derecho, Madrid, Dykinson, 2021, 120.

una práctica social y, por lo tanto, ha de comprenderse siempre bajo una racionalidad práctica[10].

Así pues, la Tópica jurídica sería el método y la técnica para descubrir argumentos jurídicos (*ars inveniendi* en terminología clásica) y para debatir sobre problemas jurídicos. Según Viehweg, bajo este presupuesto, el modelo de ciencia racionalista lógico-deductiva, sistemática, resulta escasamente útil para el Derecho y está abocada al fracaso. Mucho más adecuado es entender la Ciencia jurídica como un pensamiento tópico y argumentativo, ya que la identificación y la elección de las premisas del razonamiento jurídico están determinadas por juicios de carácter estimativo y por elementos extra-lógicos (históricos, políticos, sociológicos, ideológicos, etc.).

La cuestión ahora, para Viehweg, es qué entendemos por *premisas*, es decir, por *tópicos* o *lugares comunes*. El mismo autor los define con total nitidez: "son los puntos de vista utilizables y aceptables universalmente, que se emplean a favor y en contra de lo opinable y que parecen conducir a la verdad"[11]. Tales "puntos de vista" o argumentos son de uso y aceptación universales en el contexto de un debate, confrontación o pugna dialéctica porque ostentan la capacidad de ofrecer posibles soluciones a los problemas que son objeto de tratamiento, debido a su capacidad de convicción y de persuasión, la cual le viene dada por su verosimilitud o cierta relación con la verdad, a propósito del problema concreto en que tales argumentos se emplean por el orador.

En definitiva, el pensamiento de Viehweg ha venido a poner de manifiesto que la Tópica jurídica constituye actualmente un

---

10 De hecho, Viehweg insiste permanentemente en que la actividad de los juristas consistió, desde sus mismos orígenes, en la resolución de problemas concretos a través de la búsqueda de soluciones razonables.

11 VIEHWEG, Th., Tópica y Jurisprudencia, 2ª ed., tr. de L. Díez-Picazo y prol. de E. García de Enterría, Madrid, Civitas, 2007, 44.

instrumento básico para la actividad retórica y argumentativa del jurista, ya que constituye un apoyo fundamental para la identificación y el uso de los distintos argumentos para el desempeño de su labor práctica.

5. LA RETÓRICA JURÍDICA EN LA ACTUALIDAD

La Retórica y la Tópica jurídicas atesoran una gran tradición en la cultura jurídica occidental a partir de que -como sabemos- Aristóteles expusiera sus bases conceptuales. Ya en la concepción del Estagirita, la Retórica se entiende como el ejercicio concreto de los tópicos en el razonamiento con el fin de provocar determinados efectos en un auditorio. En este marco, el uso del tópico se concibe como un medio para convencer y persuadir al destinatario en el marco de una situación de diálogo con el propósito de obtener su adhesión expresada en un acuerdo o consenso; de tal modo que, dado el carácter relacional implícito en tal situación dialógica, no pueden entenderse ni la Retórica ni la Tópica jurídicas como ciencias sistemáticas al modo racionalista abstracto, sino bajo los parámetros de una racionalidad práctica, como lo es la jurídica.

Desde su formulación clásica en la obra aristotélica, la Retórica y la Tópica jurídicas fueron desarrolladas por numerosos autores: en la Roma antigua, por parte de Cicerón; en el Medievo, por ejemplo, por Boecio, Bártolo de Sassoferrato, Baldo de Ubaldis, Everhardus y Cantiuncula, entrando en decadencia en el contexto de la Modernidad jurídica, la cual pasó a concebirlas como técnicas de uso de argumentos con un fin exclusivo de cautivar, e incluso manipular, al destinatario o auditorio, hasta la antes reseñada recuperación de las mismas a mediados del siglo XX, con las obras de Chaïm Perelman y Theodor Viehweg, las cuales significaron el restablecimiento de la Retórica y la Tópica jurídica como procedimientos comunicativos donde operan argumentos racionalmente validados en una determinada situación concreta, en el seno de un proceso dialógico. Quedaba clara, así, la naturaleza retórica del discurso jurídico, con lo que ello suponía de crítica a su mera consideración lógico-formal, propia del positivismo jurídico formalista imperante durante los decenios anteriores.

Lo hemos dicho: la rehabilitación de la Retórica y de la Tópica jurídicas se compadecía muy poco con los principios metodológicos del iuspositivismo, los cuales tenían como presupuestos axiomáticos la racionalidad sistemática del legislador en su actividad, la concepción mecanicista de la aplicación y de la interpretación jurídicas, sustentadas sobre un procedimiento lógico-silogístico, cuasi matemático, y la neutralidad axiológica de la Ciencia jurídica. La *Nueva Retórica* de Perelman y la consideración casuística del Derecho de Viehweg resultaban, así, muy ajenas a la concepción positivista, con su focalización de lo jurídico en su consideración como práctica social.

Delimitados así los perfiles conceptuales de la Retórica jurídica, retomamos la idea inicial en virtud de la cual la Retórica jurídica constituye –como dice José J. Albert- "una especialidad sectorial de la Retórica en general"[12], la cual tiene por objeto la convicción y la persuasión en los discursos jurídicos y que tiene su más prototípica manifestación en el discurso forense. En este sentido, la Retórica forense representa, como dice P. Ferreira Da Cunha, "la Retórica jurídica en sentido estricto"[13].

En su dimensión funcional, la Retórica jurídica forense se desarrolla en el marco de las prácticas jurídicas de los juzgados y tribunales, y de todas las profesiones jurídicas. Singularmente, es la profesión de abogado donde se da un mayor desarrollo (y una mayor necesidad) de la Retórica forense, ya que la de-

---

12 ALBERT MÁRQUEZ, J.J., op. cit., 136.

13 Por ejemplo: FERREIRA DA CUNHA, P., Iniciação à Metodológia Jurídica, 3ª ed., Coimbra, Almedina, 2014, 162.

fensa de los intereses jurídicos de sus clientes exige de adiestramiento y del desarrollo de habilidades retóricas para convencer y persuadir a los jueces, a los jurados, a los abogados de las otras partes, a los fiscales y a sus propios clientes; no obstante, también en el contexto de la Teoría jurídica resulta necesaria la Retórica jurídica, puesto que la Ciencia jurídica, en tanto que reflexión teórica sobre un determinado tipo de racionalidad práctica (lo jurídico), requiere, de suyo, del cultivo y del desarrollo de buenas dosis de capacidad y de técnica para la convicción y la persuasión[14].

Desde el momento en que (tal y como la entendía Aristóteles), la Retórica jurídica se comprenda como una disciplina auxiliar que va más allá de la simple técnica para persuasión, con una función meramente literaria y *ornamental,* y se comprenda su auténtico sentido ético y político, el profesional y el científico del Derecho desarrollarán sus distintas actividades con mayor rigor conceptual y eficacia discursiva. No está de más, pues, reconsiderar la formación jurídica de los futuros juristas sobre la base de una buena formación en Retórica.

---

14 ATIENZA, M., "Retórica y Derecho“, Revista Española de Retórica, núm. 0, 2023, 23.

CAPÍTULO VI.
LA ORATORIA JURÍDICA

1. RETÓRICA Y ORATORIA

El término *Oratoria* tiene su origen etimológico en el latino *oratoria*, el cual se deriva del verbo *oro-orare*, que significa *hablar, decir, perorar, suplicar* y *rogar*. Asimismo, proviene del sustantivo latino *os-oris*, que significa *boca, entrada* y *cara*. Por lo tanto, desde este punto de vista, la *Oratoria* alude al arte o modo de hablar por la boca.

Con frecuencia suelen utilizarse como sinónimos los términos *Retórica* y *Oratoria*. Ciertamente existe bastante proximidad semántica entre ellos, pero no son exactamente lo mismo y conviene distinguir la *Oratoria* teniendo en cuenta todo lo dicho en relación con la *Retórica*. El criterio de distinción fundamental entre ambas radica en que el término *Retórica* es más amplio que el de *Oratoria*, ya que la primera constituye un saber, un arte y una técnica para elaborar discursos convincentes y persuasivos, tanto escritos como orales, mientras que la segunda se refiere exclusivamente al saber, al arte y a la técnica retóricos en lo que respecta únicamente a la práctica comunicativa oral. Cuando consideramos que el arte y las técnicas retóricas relativas específicamente a la oralidad (como *arte de hablar bien*) estaríamos dentro del ámbito de la Oratoria. Por lo tanto, como afirma el profesor Albadalejo Mayordomo, el carácter oral del discurso retórico es lo que determina que tal discurso retórico sea un *discurso oratorio*:

> "La divergencia entre 'Retórica' y 'Oratoria' tiene sus implicaciones en la asociación con la oralidad. Mientras que el sustantivo 'oratoria' mantiene en exclusividad su relación con lo oral, el sustantivo 'retórica', que no pierde dicha vinculación,

> adquiere también relación con la escritura. Puede hablarse, consiguientemente, de retórica de los textos periodísticos escritos o de retórica de los textos legales, así como de retórica parlamentaria o de retórica académica, por ejemplo, pero no puede hablarse de oratoria de los textos periodísticos escritos ni de oratoria de los textos legales y sí, en cambio, de oratoria parlamentaria o académica. 'Retórica' se presenta, así, como un término más amplio que 'Oratoria'" [1].

Como vemos, el acto de hablar es determinante en el carácter específico de la Oratoria con respecto a la Retórica; ahora bien, la oralidad como canal de comunicación de mensajes no es suficiente para considerar que el hablante, por este simple hecho, sea ya un *orador*. En efecto, la Oratoria presupone siempre la existencia de una cultura escrita, de la escritura, la cual es absolutamente necesaria para que podamos hablar propiamente de Retórica. De este modo, al considerar la Oratoria como una modalidad específica de la Retórica, consecuentemente, la Oratoria hay que entenderla en el contexto de una cultura escrita; como dice la profesora Ruiz de la Cierva, "todo el mundo habla, pero no es orador cualquier persona que habla por el hecho de comunicarse oralmente. Los analfabetos hablan sin saber escribir y no podrían ser nunca *oradores*"[2].

En definitiva, la Oratoria constituye una modalidad aplicada de la Retórica, en la medida en que aquélla tiene sus fundamentos teóricos y prácticos en ésta: la Retórica, como hemos dicho, es más amplia, pues, que la Oratoria y, por lo tanto la comprende dentro de sí[3].

---

1 ALBADALEJO MAYORDOMO, T., "Retórica y oralidad", Oralia, Análisis del discurso oral, Arco Libros, Vol. 2, 1999, 7-8.

2 RUIZ DE LA CIERVA, M.C., "Los géneros retóricos desde sus orígenes hasta la actualidad". Rhêtorikê. Revista digital de Retórica, 1, 2008, 33.

3 ROBLES MORCHÓN, G., Retórica para juristas, Santiago de Chile, Olejnik, 2019, 27.

2. ELOCUENCIA Y ORATORIA

La elocuencia es una cualidad que está muy ligada a la oralidad de los discursos; así lo corrobora la definición que del término ofrece el Diccionario de la Real Academia de la Lengua Española en sus dos acepciones:

> "1. Facultad de hablar o escribir de modo eficaz para deleitar, conmover o persuadir.
>
> 2.Eficacia para persuadir o conmover que tienen las palabras, los gestos o ademanes y cualquier otra acción o cosa capaz de dar a entender algo con viveza".

Así pues, la elocuencia es una facultad que posee una persona para provocar *eficazmente* en el oyente o auditorio determinados efectos como el deleite, la conmoción y la persuasión, sea mediante la palabra (oral y escrita), la gestualidad o cualquier otro medio que sea capaz de conseguir en el receptor o en el auditorio tales efectos. Como indica el profesor Arturo Majada, la elocuencia constituye una facultad para emplear el *pathos* (lo patético, lo sublime, lo emocional) en el discurso[4].

La Oratoria no es propiamente una cualidad personal, sino un arte o técnica sobre los discursos de carácter oral entre una de cuyas principales cualidades se encuentra la elocuencia, tanto en relación con la propia técnica en sí misma (ciertamente, la preceptiva y las reglas que rigen la Oratoria pretenden que el discurso oral logre ser elocuente), como en relación con la persona del orador (de ahí que se diga que el buen orador es aquel que habla con elocuencia). Asimismo, la elocuencia no se restringe exclusivamente al discurso oral, sino que constituye una cualidad predicable también de un discurso escrito, de modo que es propia también de la Retórica. Por lo tanto,

---

4 MAJADA, A., Oratoria forense, 2ª ed., Barcelona, Bosch, 1962, 15.

elocuencia y Oratoria no son términos sinónimos, aun cuando guarden entre sí una relación muy cercana.

Finalmente, no debe confundirse *elocuencia* con *grandilocuencia*, aun cuando sean también términos que suelen emplearse en muchas ocasiones como sinónimos al ser ambas cualidades de la Retórica y de la Oratoria. La elocuencia pretende transmitir el mensaje eficazmente, sin más; mientras que la grandilocuencia constituye una exacerbación, en muchos casos paródica, de la elocuencia, ya que atiende más a los aspectos estilísticos y ornamentales del discurso que a su eficacia comunicativa. De hecho, cuando la grandilocuencia se pone por encima de la elocuencia, el discurso puede resultar demasiado esteticista y consecuentemente poco eficaz, e incluso vacuo y exagerado cuando el mensaje es irrelevante o inexistente.

3. ORATORIA Y DERECHO: LA ORATORIA FORENSE

Sabemos que uno de los géneros retóricos clásicos es la Retórica forense, la cual constituye una modalidad de la Retórica, en este caso aplicada al Derecho. Pues bien, la expresión oral de este género retórico se concreta en la Oratoria forense, de modo que ésta puede entenderse como el arte y la técnica para pronunciar discursos orales de carácter jurídico con elocuencia. El elemento de la elocuencia es importante porque, como hemos visto, hace referencia a la eficacia en la transmisión del mensaje jurídico que se quiere hacer llegar al receptor o auditorio, lo cual es fundamental para convencer y persuadir, que es uno de los fines principales de todo discurso jurídico.

Como indica José María Martínez-Val, la Oratoria tiene dos aspectos: uno científico o doctrinal y otro artístico o sensible[5].

---

5 MARTÍNEZ-VAL, J.M., Abogacía y abogados. Tipología profesional–Lógica y Oratoria forense–Deontología jurídica, 3º ed., Barcelona, Bosch, 1993, 142.

El primero consiste en que la Oratoria posee una serie de normas que rigen su comprensión y ejecución técnica, y que, desde prácticamente sus orígenes históricos en la Antigüedad clásica, no han variado. El segundo aspecto, el artístico o sensible, se corresponde con los aspectos estéticos que acompañan al pronunciamiento de todo discurso oral de manera elegante y decorosa, reforzando su elocuencia en estos factores tan importantes para lograr la eficacia perseguida en el auditorio.

De ahí que el arte de la Oratoria no se entienda del todo si se obvia la importancia de la figura del orador, la persona que ejecuta el discurso oral.

4. EL ORADOR

En su célebre diálogo *De oratore* (*Sobre el orador*), Cicerón se refiere a la persona del orador en los siguientes términos:

> "Hay personas de lengua tan vacilante, o de voz tan poco agradable o de expresión y porte tan sin gracia y tan agreste que, por más que se destaquen por su talento y por su arte, con todo no podrían formar parte del número de los oradores. Y, por otra parte, los hay tan hábiles en estas cosas, tan adornados con dones de la naturaleza que no parecen hijos de madre, sino moldeados por algún dios"[6].

Cicerón expresa así la gran importancia de las cualidades y del talento naturales de la persona del orador para el buen ejercicio del arte de la Oratoria, de tal modo que no basta la observancia y habilidad en el manejo de la preceptiva que rige técnicamente todo discurso retórico oral en aras de su eficacia, sino que el arte de la Oratoria requiere también de especiales cualidades comunicativas personales en el orador que coadyuvan a lograr el vínculo espiritual, emotivo y afectivo con el au-

---

6 CICERÓN, M.T., Sobre el orador, I, 115.

ditorio. El discurso, como dice Chaïm Perelman, es el "acto del orador (...), la manifestación por excelencia de la persona"[7], de ahí que ésta deba ser tenida también en cuenta a la hora de valorar su eficacia y su elocuencia, puesto que las mismas palabras generan un efecto muy distinto, según quien las pronuncie: "A menudo, el mismo lenguaje es libre en tal orador, insensato en tal otro, arrogante en un tercero", decía Quintiliano[8].

No en vano se ha insistido desde siempre por parte de los grandes maestros de la Retórica y de la Oratoria en la enorme trascendencia de la persona del orador, ofreciendo recomendaciones para dar una impresión favorable al auditorio y para atraer su estima, complacencia, simpatía y confianza. En este sentido, tradicionalmente se han destacado dos factores de gran importancia: por una parte, la presencia y el aspecto físico del orador; y por otra, las concretas palabras utilizadas y el modo en que son proferidas por él. El profesor Gregorio Robles los reduce a dos aspectos: uno estático y otro dinámico[9]. El aspecto estático hace referencia a la presencia del orador y se corresponde con lo que se percibe de él sensorialmente antes de empezar a hablar, esto es, sus rasgos físicos, su actitud corporal y su vestimenta. El buen orador debe cuidar estos tres elementos procurando no desentonar ni por exceso ni por defecto; así pues, debe resultar lo más natural posible en cuanto a su aspecto físico y debe ir adecuadamente vestido según la naturaleza del auditorio al que se dirija, su actitud corporal externa debe ser coherente con su actitud interna tratando de atraer la atención del auditorio con educación y buenos mo-

---

7 PERELMAN, Ch.; OLBRECHTS-TYTECA, L., Tratado de la argumentación. La nueva Retórica, trad. de la 5ª ed. por Julia Sevilla Muñoz, Madrid, Gredos, 1989, 487.

8 QUINTILIANO, M.F., Sobre la formación del orador, XI, I, 37.

9 ROBLES MORCHÓN, G., op. cit., 26-27.

dales, así como con una disposición gestual decidida y abierta para lograr la mayor cercanía.

Todos estos factores han de cuidarse escrupulosamente y constituyen el presupuesto previo del aspecto dinámico: el hablar del orador. Éste se refiere a los aspectos retóricos de su discurso oral y se dicen *dinámicos* porque van más allá de la impresión inicial de los elementos que juegan a la hora de valorar su presencia física, construyéndose y desarrollándose a lo largo de su discurso oral mediante la acertada entonación de su voz para convencer y persuadir al auditorio, la gestualidad de la que lo acompaña y la elocuencia lingüística de sus palabras.

La comunicación corporal es un factor muy importante en este punto porque, en sí misma, constituye también un acto comunicacional que viene a complementar el acto de verbalización lingüística, de tal manera que las actitudes, los gestos y los movimientos del orador forman parte del gran mensaje comunicativo que se pretende hacer llegar al auditorio con el discurso. Realmente, la comunicación corporal viene a expresar el "cómo dice" el discurso el orador y tiene una gran influencia comunicacional en la percepción que tiene el auditorio de tal discurso. Esta es la vieja virtud que los clásicos denominaban *aptum,* o también *decorum,* consistente en lo que es adecuado o conveniente para pronunciar el discurso y que es expresión de la perfecta armonía de su contenido con la forma de decirlo. Tal armonía se logra teniendo siempre presente el auditorio que va a escuchar el discurso, el fin que se busca según el género retórico de que se trate, el debido registro de lenguaje, el canal de transmisión y el contexto de su recepción, de tal forma que exista una total coherencia entre su contenido y los elementos comunicativos extratextuales que han tenerse en cuenta para la ejecución y eficacia comunicativa del discurso.

Gregorio Robles identifica los siguientes elementos como los más importantes por su incidencia en la comunicación corporal: la voz, la boca, el ritmo, el rostro, la mirada, la frente, las manos, el andar, el estar sentado, el empleo de papeles para el discurso, la sonrisa, la risa, la empatía con el auditorio, el engolamiento y la humildad[10]. El tono alto y claro en la voz con el volumen preciso, acompañado de una buena verbalización del texto buscando el ritmo y la entonación adecuados en el discurso, según el género retórico de que se trate (en el género deliberativo, con una cierta grandilocuencia; en el epidíctico, con solemnidad; y en el forense, firme y convencido); la gestualidad adecuada de la boca al hablar, del rostro y de la frente, sin excesos ni aspavientos pero sin caer tampoco en la insulsez, tratando siempre de sonreír en la medida de lo posible; la mirada expresiva y dirigida al auditorio en su conjunto, según las emociones que se pretenden transmitir en cada momento del discurso; y, finalmente, la conveniencia de hablar de pie de manera dinámica, acompañado con una ajustada gesticulación con las manos y evitando movimientos bruscos de pies y de piernas, son las bases para una comunicación corporal eficaz por parte del orador. Naturalmente, estos factores han de adecuarse al tipo de auditorio al que se dirija el orador, según el contexto comunicacional en el que profiere su discurso.

De la acertada conjunción del aspecto físico del orador y de su hablar, resultará la mayor o menor eficacia de su discurso. Tan importantes son estos aspectos, que, en ocasiones, pueden suplir determinadas carencias retóricas que pudiera tener el discurso desde un punto de vista estructural y argumentativo consiguiéndose así el objetivo de persuadir al auditorio por esta vía puramente comunicacional. Como dice María del Carmen Ruiz de la Cierva, esta armonía entre contenido y forma de decirlo tiene también una acusada dimensión ética, ya que, escribe la autora, "en ella se valora el compromiso del orador con lo expuesto y su vinculación con la verdad. Lo apto exige, en este nivel, la coherencia del orador y su credibilidad porque

---

10 *Ibidem*, 60.

la audiencia requiere una correspondencia entre expresiones y acciones (lo dicho y lo hecho), así como la máxima aproximación entre palabras, pronunciadas o escritas, y realidad"[11].

En conclusión, retomando nuevamente a Cicerón, "el orador ha de procurar cuidadosamente no ya convencer a los jueces, sino resultar admirable a quienes les sea permitido juzgarle por placer"[12]. Veamos ahora a quienes se refiere Cicerón en general y, específicamente, en el ámbito del discurso jurídico.

5. EL AUDITORIO: CONCEPTO Y TIPOS

Procedente del término latino *auditorium* (a su vez, derivado del verbo *audire*, que significa *escuchar*), el auditorio es la persona o grupo de personas que configuran el destinatario del mensaje que se pretende transmitir mediante el discurso retórico. Se trata de un elemento fundamental en Retórica y en Oratoria, ya que sin destinatario no existe propiamente comunicación, y para que se efectúe realmente tal comunicación, es preciso que el auditorio tenga una mínima actitud de escucha y preste también una mínima atención al discurso del orador. Como escribe Gregorio Robles, "si no se da esa actitud, no estaremos ante un auditorio propiamente dicho, sino –todo lo más- ante un conjunto de personas que se encuentran concentradas en un espacio físico y a las que se dirige un orador, pero sin encontrar su atención"[13]. No obstante, ello no implica que el auditorio, para ser considerado como tal en puridad, deba estar total o parcialmente de acuerdo con lo que dice el orador, pero sí es necesaria una cierta actitud de entendimiento y comprensión del contenido de su discurso, lo cual es con-

---

11 RUIZ DE LA CIERVA, M.C., op. cit., 35.

12 CICERÓN, M.T., Sobre el orador, I, 119.

13 ROBLES MORCHÓN, G., op. cit., 29.

dición indispensable para conseguir el objetivo final de todo discurso: que se produzca el mayor grado de adhesión posible al mensaje que se transmite. En consecuencia, tal y como lo define Perelman, el auditorio es "el conjunto de aquellos en quienes el orador quiere influir con su argumentación"[14].

Cuando el auditorio está formado por un conjunto de personas, puede ser de dos tipos: homogéneo y heterogéneo. Un auditorio *homogéneo* es aquel en el que sus miembros comparten ciertos vínculos entre sí de carácter social, psicológico y cultural en relación con el tema o asunto del que se está hablando por parte del orador. Es *heterogéneo* el auditorio en el que existe una diferencia sustancial entre sus miembros en relación con el tema o asunto sobre el que está tratando por el orador, de tal manera que no existe un vínculo entre ellos en este sentido como para considerarlos un grupo con una mínima unidad en esa situación comunicacional concreta.

Esta distinción es importante para el orador, ya que deberá tener en cuenta si se dirige a un auditorio homogéneo en mayor o menor grado, o directamente heterogéneo, a la hora de proferir su discurso, en aras de lograr eficazmente su adhesión al mensaje que pretende transmitirles: precisamente un buen orador es aquel que, cuando habla para un determinado auditorio, domina el arte de valorar su grado de heterogeneidad en la situación concreta en que dice su discurso.

El conocimiento del tipo de auditorio, en este sentido, es muy importante para el orador, puesto que de la imagen que se haga éste del auditorio, dependerán los medios (y de qué tipo) habrá de emplear para lograr su persuasión; en famosa afirmación de Giambattista Vico, "todo objeto de la elocuencia concierne a nuestros oyentes y, conforme a sus opiniones,

---

14 PERELMAN, Ch., OLBRECHTS-TYTECA, L., op. cit., 55.

debemos regular nuestros discursos"[15]. De ahí que se hable de la necesidad de que el orador se adapte al auditorio, porque ciertos argumentos que resultan adecuados bajo determinadas circunstancias ante un determinado auditorio pueden resultar ineficaces en otras.

En este sentido, se han propuesto diversas tipologías de auditorios en función de distintos criterios. Una tipología muy conocida y funcional es la ofrecida por Perelman, quien distingue entre tres grandes tipos de auditorios, según la autoridad que se les reconoce para determinar si una argumentación es convincente o no[16].

En primer lugar, estaría el *auditorio universal*, el cual no es propiamente un conjunto concreto de personas, sino la idea que se hace el orador de ellas al considerarlas como si fueran la totalidad de personas racionales a las cuales tiene que convencer a través de su discurso, y de las cuales se considera a sí mismo como el representante ideal. En consecuencia, la idea de auditorio universal es propia de los filósofos, los cuales tratan de obtener la adhesión unánime de sus miembros (sin que signifique que tengan que lograr *de facto* tal adhesión ante un auditorio de personas concretas), merced a la universalidad racional y objetiva de los argumentos que exponen y de las pruebas lógicas que traen a colación o aducen, con independencia de las contingencias particulares e históricas. Queda claro, pues, que el concepto de auditorio universal es un ideal que muy raramente se da en la realidad práctica, pero que cumple la función de servir de punto de referencia teórico para comprender toda la riqueza, complejidad y pluralidad de auditorios que pueden darse en la vida real.

---

15 VICO, G., "De nostri temporis studiorum ratione", ed. de L. Pica Ciamarra, Laboratorio dell'ISPF, IX, 2012, 1/2, 16.

16 PERELMAN, Ch., OLBRECHT-TYTECA, L., op. cit., 71 y ss.

El caso más representativo de auditorio universal es el auditorio especializado formado por científicos, en el cual el orador especializado se dirige a sus iguales, y que se encuentran capacitados para admitir su discurso bajo los parámetros de un sistema objetivamente determinado que conforma la Ciencia de su especialización. Aquí el orador científico considera al auditorio concreto que tiene delante como un auditorio universal, ya que da por supuesto que todas las personas con la misma formación, capacidades, información y competencia llegarían a las mismas conclusiones.

Sin embargo, como se ha dicho antes, lo más normal es que el orador se dirija a un auditorio heterogéneo, conformado por diferentes oyentes, cada uno con una formación y visión particular de la vida: es el fenómeno que Gregorio Robles denomina *pluralidad de auditorios*, y que implica que el orador tenga en cuenta las diferentes características que definen a cada uno de ellos, tratando de ajustar en la mayor medida posible la perspectiva universalista de su discurso a esta diversidad de oyentes si quiere obtener la adhesión generalizada o el mayor grado de adhesión posible.

En segundo lugar, estaría aquel auditorio conformado por el interlocutor al que se dirige el orador en un diálogo concreto. Este tipo de auditorio particular parte del presupuesto de la superioridad de la Dialéctica con respecto a la Retórica, al considerar que esta última es propia de los auditorios amplios por resultar inadecuado, e incluso ridículo, pronunciar un discurso ininterrumpido frente a un único oyente. En el marco de un diálogo concreto, el interlocutor puede plantear objeciones, réplicas, preguntas, etc. al orador y, en consecuencia, tiene la impresión de una mayor solidez de las conclusiones del orador que si se trata de un discurso ininterrumpido. Es importante reparar en el carácter eminentemente personal del interlocutor con el que dialoga el orador a la hora de juzgar el grado de convencimiento de aquél con respecto a los argumentos que éste le presenta, en el sentido de que, en este tipo de auditorio, por lo general la convicción es resultado de un mayor y más exigente proceso de confrontación de su pensamiento con el del orador, de tal manera que el factor de persuasión adquiere mucho más peso en este tipo de auditorio que en el auditorio universal, donde lo que se pretende por parte del orador es convencer.

Ahora bien, debe tenerse en cuenta también la distinta gradación, en relación con la profundidad de la convicción, que puede darse en este tipo de auditorio, ya que no es lo mismo el *debate* entre los que están inmersos en un diálogo, que la *discusión* entre ellos. El *debate* es una modalidad dialógica en la que el orador y su interlocutor defienden sus respectivas convicciones establecidas y opuestas de antemano (*diálogo erístico*), mientras que la *discusión* constituye una modalidad en la que ambos tratan de hallar, sin ideas preconcebidas y de manera honesta, la mejor solución posible al problema sobre el que están dialogando (*diálogo heurístico*). Pese a esta clara distinción en el plano teórico, en la práctica no resulta tan nítida, con mucha frecuencia, la diferencia entre *debate* y *discusión.*

Finalmente, el otro tipo de auditorio particular estaría constituido por la propia persona cuando delibera sobre -o evoca- las razones de sus actos consigo mismo. Esta modalidad se distingue de la Dialéctica (técnica de la controversia con el otro u otros) y de la Retórica (técnica del discurso que se dirige ininterrumpidamente a un grupo de personas), y es identificado por Perelman con la Lógica, que son las normas aplicadas que guían el pensamiento propio:

> "Esto se debe a que, en este último caso -escribe Perelman-, el entendimiento no se preocuparía por defender o buscar únicamente argumentos que favorecieran un punto de vista determinado, sino por reunir todos aquellos que presentaran, a su juicio, algún valor, sin deber ocultar ninguno, y, tras haber sopesado el pro y el contra, decidirse, en conciencia, por la solución que le pareciera mejor. Del mismo modo que no se otorga igual importancia a los argumentos desarrollados en sesión pública que a los presentados a puerta cerrada, el secreto

> de la deliberación íntima parece fiador de la sinceridad y del valor de esta última"[17].

En definitiva, los distintos tipos de auditorio nos muestran la necesidad de que el orador, a la hora de construir su discurso, no solo deba tener en cuenta los datos y la fuerza de los argumentos que maneja, sino que debe conocer también las características del auditorio al que se dirige, de cara a lograr el mayor grado de comunión posible con él en su discurso, siempre con el fin último de obtener su adhesión.

6. EL AUDITORIO FORENSE

El clásico género retórico judicial tiene como auditorio prototípico al auditorio forense. La Oratoria forense es el ámbito específico en que debemos incardinar al auditorio forense, en tanto que elemento fundamental de todo el proceso oratorio que se desarrolla en el marco de un proceso judicial. Por lo tanto, la Oratoria forense tiene sus propias características, las cuales condicionan la naturaleza particular del auditorio forense.

El auditorio forense es, pues, un tipo de auditorio específico que acontece cuando se produce un acto procesal de audiencia pública, que es el contexto donde se da la intervención de los actores que se hallan inmersos en un proceso judicial, y cuyo sentido es la realización efectiva del derecho de defensa de las partes concernidas en dicho proceso. En nuestro vigente Derecho, el art. 120, 2ª de la Constitución dispone que el procedimiento será predominantemente oral, en especial en materia criminal, así como el art. 229, 1º de la Ley Orgánica

---

17 *Ibidem*, 86.

del Poder Judicial, lo cual supone la presencia de un tipo de auditorio muy determinado.

El auditorio forense está conformado por el tribunal, sea unipersonal o colegiado, las partes (abogados, fiscal o abogado del Estado), el jurado (cuando procede su participación en el proceso), el público asistente y el juez o magistrados, que son quienes presiden el acto de audiencia pública. Dentro de todos estos participantes, el más importante es el tribunal, ya que es quien ha de tomar la decisión final sobre el proceso y, en consecuencia, quien debe ser convencido y persuadido por las partes[18]. De esta manera, la actividad oratoria de las partes debe centrarse en lograr este objetivo final con la mayor eficacia posible mediante el uso de todos los recursos retóricos y dialécticos que les permite el Derecho procesal en pro de la defensa de sus derechos en juego. El modo en que deben actuar las partes, desde un punto de vista oratorio, es descrito con precisión por José María Martínez Val en el siguiente párrafo:

> "Narración breve, sencilla y clara; omisión al máximo de descripciones innecesarias; divisiones de pocos miembros para evitar que en el dédalo de la clasificación se pierda el hilo argumental y la pura línea del razonamiento; fijación de la cuestión en uno o muy pocos puntos que sean, realmente, clave del problema que se debata; refutación que haga compatible la minuciosidad y cuidado con la brevedad y la rapidez; conclusiones terminantes y categóricas, no reñidas si fuere necesario con la forma alternativa"[19].

Las singulares circunstancias en que se desarrolla la audiencia pública imponen a las dos partes intervinientes unas condiciones especiales a la hora de dirigirse al público asistente,

---

[18] El papel del jurado es análogo al del tribunal, si bien, en el ordenamiento jurídico español, resulta mucho menos importante por su menor relevancia procesal.

[19] MARTÍNEZ VAL, J.M., op. cit., 152.

en especial a los abogados de las partes en los procesos penales (en los civiles raramente suele haber público asistente). De entrada, hay que decir que el papel del público es muy secundario en relación con el del tribunal, puesto que, a efectos puramente jurídicos, en nada influye en el curso del proceso y, por lo tanto, ha de influir solo de manera también muy secundaria en su técnica oratoria; sin embargo, su presencia en los actos de audiencia pública es absolutamente necesaria desde el punto de vista político y democrático, ya que viene a garantizar el correcto ejercicio de la impartición de la justicia, actuando como medio de control social de su transparencia, y a testimoniar la legitimidad última de la administración concreta de la justicia, la cual emana del pueblo.

De acuerdo con estos presupuestos, el comportamiento de las partes procesales debe orientarse, pues, a no romper las mínimas reglas de decoro; por ejemplo, no dirigiéndose expresamente al público ni entrando en discusión o controversia con algún asistente, sino dirigiéndose preferiblemente al tribunal, evitando todo tipo de gestos extemporáneos, miradas furtivas, señas o muecas hacia el público que pretendan reprobar cualquier increpación o conseguir algún tipo de exaltación, aprobación o loa, etc.

En conclusión, debe ser el tribunal el referente fundamental de toda la actividad oratoria de los actores procesales, en virtud del cual el orador legitimado para intervenir en la audiencia pública debe siempre actuar.

PARTE III:
EL DISCURSO JURÍDICO

CAPÍTULO VII.
METODOLOGÍA Y TÉCNICAS GENERALES PARA LA ELABORACIÓN DEL DISCURSO JURÍDICO

1. EL DISCURSO JURÍDICO COMO NARRACIÓN: LA NARRATIVA JURÍDICA

Desde hace algunas décadas se ha ido imponiendo la idea de que el Derecho ostenta una importante dimensión narrativa, hasta el punto de que algunas teorías jurídicas, de marcado carácter posmoderno, mantienen que lo jurídico se construye principalmente en forma de *relatos*, los cuales difieren entre sí en función del contexto en que tales relatos acontecen[1]. Precisamente, esta faceta narrativa del Derecho desempeña un papel fundamental en el discurso jurídico[2], ya que una adecuada y eficaz estructuración narrativa del mensaje jurídico facilita la comunicación, tanto de su contenido axiológico y normativo,

---

1 Las tendencias teóricas más posmodernas en torno al Derecho reducen directamente lo jurídico a puros y simples relatos de distinta naturaleza y calibre en función de situaciones y prácticas concretas en que se ven inmersos los autores y los receptores de tales relatos (JACKSON, B.S., Law, Fact and Narrative Coherence, Merseyside, Deborah Charles Publications, 1988).

2 CALVO GONZÁLEZ, J., Derecho y narración. Materiales para una teoría y crítica narrativista del Derecho, Barcelona, Ariel, 1996.

como de los hechos sobre los que hay que aplicar tal contenido en cada caso particular.

Como vemos, tener presente este acusado carácter narrativo del Derecho resulta muy necesario para comprender determinados aspectos de la práctica jurídica en todos sus ámbitos posibles, especialmente en el judicial. Justamente, fue en el contexto temático de la prueba judicial (esto es, en el ámbito de los hechos) donde tuvieron su origen las primeras investigaciones en torno a la narratividad del Derecho, en la medida en que la tarea de reconstrucción jurídica de los hechos probados como premisa menor de toda decisión judicial en un caso concreto (de su *verdad fáctica*, en suma), implica la elaboración de un relato fáctico sobre el cual ha de aplicarse la normatividad jurídica que procede para tal caso. Aquí la narrativa resulta absolutamente necesaria, ya que constituye el modo en que se ordenan y representan causal y cronológicamente las distintas secuencias de sucesos que componen el relato de los hechos en cuestión (de los llamados "hechos probados").

Así pues, esta tarea de construcción narrativa está esencialmente vinculada a la práctica jurídica (de ahí que a tales tendencias iusfilosóficas que ponen unívocamente el foco en este aspecto de lo jurídico a la hora de explicar qué es el Derecho se las etiquete como "constructivismo jurídico") y, por lo tanto, a prácticas discursivas, a discursos particulares, que se dan cuando sus agentes las realizan en sus praxis cotidianas[3]. Jean-

---

[3] Dentro de las teorías narrativistas sobre el Derecho podemos encontrar dos grandes tendencias. En primer lugar, aquellas que consideran que la narrativa es esencialmente un instrumento de razonamiento que posibilita realizar inferencias, establecer relaciones, etc., con el fin de lograr una cierta "coherencia narrativa" como criterio de verdad; o bien como un medio para el análisis del material probatorio. En segundo lugar, estarían aquellas que entienden que la narrativa constituye el medio de "construcción de sentido" del material probatorio, e incluso de toda la práctica jurídica en general (TARANILLA GARCÍA, R., La configuración narrativa en el proceso

François Bordron y Denis Bertrand lo exponen con claridad: "la narratología integra el entorno pragmático de los sistemas semióticos en su realización en discurso"[4].

En toda la compleja trama que configura ese entorno pragmático del sistema semiótico que denominamos *Derecho*, cobra singular importancia la persona del jurista como referente clave en el momento en que se construye el discurso, como dispositivo constructor del discurso.

2. EL DISCURSO JURÍDICO COMO ACTO DE LOS JURISTAS

Es importante señalar que, bajo un tipo de argumentación tan concreta como la argumentación jurídica, donde la demostración no es lo fundamental, sino la justificación por la vía de la convicción y de la persuasión, la figura de la persona que realiza el discurso adquiere un papel muy relevante, ya que el discurso se entiende, en gran medida, como acto de su autor, como manifestación concreta de la persona del jurista en ese acto en particular. De este modo, como afirma Perelman, la interacción entre autor y discurso representa uno de los ejes fundamentales de la argumentación, en contraposición con la pura demostración, en la cual se reduce al mínimo el papel y la influencia del autor, al basarse aquélla en la pura deducción formal[5].

---

penal. Un análisis discursivo basado en corpus, Tesis Doctoral, Universitat de Barcelona, 2011, 56-57).

4 BERTRAND, D., "Los regímenes de inmanencia, entre narratología y narratividad", Tópicos del Seminario, 33, 2015, 173-174.

5 PERELMAN, Ch., y OLBRECHTS-TYTECA, L., Tratado de la argumentación. La nueva Retórica, trad. de la 5ª ed. por Julia Sevilla Muñoz, Madrid, Gredos, 1989, 487.

En efecto, los discursos no se desarrollan como simples actos individuales o como sistemas cerrados, sino que, como escribe Michel Foucault, "los discursos religiosos, judiciales, terapéuticos, y en cierta parte también los políticos, no son disociables de esa puesta en escena de un ritual que determina para los sujetos que hablan tanto las propiedades singulares como los papeles convencionales"[6].

De ahí que resulte necesario conceptualizar, de alguna manera, qué se entiende en este contexto por *orador jurídico*, entendido éste en sentido amplio, es decir como emisor del discurso jurídico.

Partiendo de una primera aproximación al concepto de *discurso jurídico*, entendido como -dice Gregorio Robles- "todo acto comunicacional propio de los juristas"[7], resulta fácil convenir en que se puede identificar genéricamente al *orador jurídico* con *los juristas* (o también, en terminología en claro desuso, *los jurisconsultos*), los cuales, en sentido laxo, no son otra cosa que los profesionales del Derecho, esto es, todos aquellos que realizan profesionalmente actividades jurídicas; y también quienes no siendo profesionalmente juristas, realicen, en un momento dado, discursos que se refieran a temas jurídicos de manera directa o indirecta (políticos, economistas, periodistas, etc.). En todo caso, serían *juristas*, según Robles:

"a) los que participan en la creación de los textos ordinamentales (ordenamiento jurídico): letrados asesores de los partidos políticos, letrados del Parlamento, funcionarios y empleados de las Administraciones públicas, jueces y magistrados en el ejercicio de sus funciones, etc.; b) los que construyen el sistema jurídico (tanto el expositivo como el sistema jurídico

---

6 FOUCAULT, M., El Orden del Discurso, Madrid, Ed. La Piqueta, 1996, 41.

7 ROBLES MORCHÓN, G., Retórica para juristas, Santiago de Chile, Olejnik, 2019, 49.

propiamente dicho) o sistema doctrinal, esto es, los tratadistas y expositores del Derecho vigente, así como los teóricos e historiadores del Derecho: a todo este conjunto de personas se les suele denominar 'juristas teóricos', ya que su tarea no consiste en participar en la vida práctica del Derecho, sino más bien en prepararla y comentarla (si bien un mismo individuo puede ejercer tanto actividades prácticas como teóricas); c) entre los juristas prácticos, aparte de los enumerados en a), destacan los que coadyuvan en las decisiones judiciales y administrativas: abogados, fiscales, procuradores; así como los que participan en la jurisdicción voluntaria: notarios, registradores; d) a estos grupos, ya de por sí heterogéneos, hay que añadir otros, como los diplomáticos y los asesores de todo tipo, siempre naturalmente que se trate de cuestiones relacionadas con el mundo jurídico"[8].

En sentido estricto, se entendería por *discurso jurídico* -dice Robles-, "un acto o conjunto de actos comunicacionales realizados por un jurista, ya sea en forma oral o escrita, dirigido a un auditorio cualquiera (formado por juristas o no) y cuyo contenido es un mensaje, o varios mensajes relacionados, con un ordenamiento jurídico o con diversos ordenamientos jurídicos"[9].

Sea entendido el discurso jurídico en sentido amplio o en sentido estricto, lo que sí resulta evidente es que, en definitiva, todos los juristas se sirven del lenguaje jurídico para desempeñar sus actividades profesionales, en tanto que medio de comunicación en el ámbito jurídico, mediante la elaboración de discursos jurídicos.

---

[8] *Ibidem*, 49.

[9] *Ibidem*, 50.

3. LOS DISCURSOS JURÍDICOS Y SUS PRINCIPALES TIPOS

Si nos fijamos en las actividades prácticas que realizan habitualmente los juristas, podemos constatar la existencia de una gran diversidad de discursos jurídicos, los cuales son manifestación de la enorme variedad y heterogeneidad de tales actividades; además, muchas de estas actividades son exclusivas de determinados juristas en virtud de su condición de autoridad pública. De ahí que, en aras de lograr una cierta capacidad de comprensión de tales discursos jurídicos, acojamos aquí (siguiendo a Gregorio Robles) una tipología muy general que integra los más importantes, según el criterio del tipo de decisiones jurídicas más características[10]:

a) Discursos jurídicos relacionados con el proceso constituyente y la decisión constituyente (la constitución).

b) Discursos jurídicos relacionados con las decisiones legislativas (las leyes).

c) Discursos jurídicos relacionados con las decisiones gubernamentales y de las administraciones públicas (los reglamentos).

d) Discursos jurídicos relacionados con los procesos judiciales y los agentes jurídicos que intervienen en tales procesos: los de los jueces (las sentencias, los autos, las providencias, etc.), los de los fiscales (dictámenes, informes, etc.) y los de los abogados (demandas, denuncias, recursos, etc.).

e) Discursos jurídicos relacionados con las decisiones adoptadas entre las partes en procesos de negociación (los

[10] *Ibidem*, 50-51.

contratos, los convenios colectivos, los tratados internacionales, etc.).

f) Discursos jurídicos relacionados con la doctrina jurídica en su actividad teórica (manuales didáctico-jurídicos, tratados teóricos, artículos científicos, etc.).

g) Discursos jurídicos relacionados con otros ámbitos del ejercicio práctico-jurídico (los dictámenes, los que se derivan de la jurisdicción voluntaria, los asesoramientos, etc.).

Esta tipología nos permite hacernos una idea bastante ajustada de las principales formas en que se expresa discursivamente el Derecho y cada uno de estos tipos posee unas reglas y unos usos propios que deben respetarse para lograr un nivel de eficacia mínimo de los distintos discursos ante cada uno de sus auditorios propios.

En todo caso, pese a esta diversidad, existen también una serie de reglas y de pautas comunes a todos ellos que seguidamente pasamos a examinar y que conforman el núcleo metodológico fundamental de todo discurso jurídico.

4. LAS FASES DEL DISCURSO JURÍDICO

Todo discurso se desenvuelve a lo largo del tiempo; la propia etimología de la palabra "discurso" (del latín *discursus*, por derivación del verbo *discurrere*) incorpora la idea de tránsito de un lugar a otro y, por lo tanto, de un proceso que necesariamente ha de *discurrir* durante un tiempo determinado. Tal *discurrir* se produce, además, bajo una cierta ordenación en secuencias que responden a una estructura discursiva que se articula en distintas fases y que, en su conjunto, componen la totalidad del proceso discursivo. En su consideración más general, tal estructura discursiva se articula en tres fases, las cuales, en su conjunto, conforman la base metodológica de todo discurso jurídico:

1) La fase de planteamiento del problema o cuestión jurídica sobre la que se argumenta.

2) La fase de desarrollo del problema o cuestión mediante argumentos (preferiblemente buenos argumentos en aras de la mayor eficacia posible en el auditorio), relacionándolos, ordenándolos, encadenándolos y jerarquizándolos.

3) La fase de formulación de la conclusión del discurso.

Desde la clásica *Rhetorica ad Herennium*, en el siglo primero antes de Cristo[11], se han venido distinguiendo las distintas operaciones retóricas o *partes artis* del discurso, las cuales constituyen, desde un punto de vista técnico, la concreción del planteamiento general anterior. Son las siguientes:

1ª. *Inventio* o invención.
2ª. *Dispositio* u ordenación.
3ª. *Elocutio* u ornato.
4ª. *Actio* o acción.

Las cuatro partes se dan cronológicamente de manera sucesiva. Las tres primeras se dan en un plano más abstracto, mientras que la última tiene un carácter más práctico, ya que tiene lugar cuando se pronuncia *de facto* el discurso.

Así pues, el punto de partida del discurso es la *inventio*, en la cual se obtiene todo el material necesario para elaborarlo (de ahí que se le suela anteponer la *intellectio* del tema sobre el que se va construir el discurso). Posteriormente se pasa a la *dispositio*, que consiste en la ordenación de todos los argumentos que se van a emplear en el discurso, y se concluye con su *elocutio* o

---

[11] Retórica a Herenio, tr. de S. Núñez, Madrid, Gredos, 1997.

exposición pública, que puede ser oral o escrita, según el tipo de discurso que se trate.

En el supuesto de que la exposición pública sea oral, es la *memoria* el medio que sirve al emisor del discurso para recordarlo, mientras que la *actio* constituye el modo en que debe actuar durante tal exposición en función del auditorio al que se dirija, los antecedentes del discurso y del tiempo y lugar en que se pronuncie.

En todo caso, con carácter previo, el orador debe acometer la elaboración del discurso teniendo en cuenta los siguientes condicionantes, expuestos por José J. Albert Márquez:

> "Determinar a qué género retórico (judicial, deliberativo o demostrativo) corresponde la causa sobre la que recae el discurso, su grado de defendibilidad, así como la naturaleza de las cuestiones (*quaestiones*, todo aquello sobre lo que puede tratar el discurso), atendiendo a su grado de complejidad y a su estado (*status causae*). También esta fase previa tiene por función sopesar, en su caso, si el discurso ha de tener como sustento la moral (especie *ethica* o *moralis*) o si debe apelar al sentimiento (especie *pathetica*)"[12].

A partir de estas consideraciones previas, pasamos a examinar cada una de las operaciones retóricas (*partes artis*) propiamente dichas.

4.1. *Inventio* (Invención)

También conocida como *heuresis*, la *inventio* es la parte en que se decide sobre qué temática se va a construir el discurso. Así pues, es aquí donde deben investigarse, buscarse y encontrarse todos los materiales que se utilizarán después en la arti-

---

12 ALBERT MÁRQUEZ, J.J., Introducción a la Retórica jurídica. Una aproximación desde la Filosofía del Derecho, Madrid, Dykinson, 2021, 142.

culación concreta del discurso. En analogía con la metodología de la investigación científica, esta parte vendría a ser la de determinación del *estado de la cuestión.* Para tal determinación han de tenerse en cuenta los siguientes aspectos:

1) La definición de la cuestión y de las ideas, opiniones y puntos de vista ya existentes sobre la temática sobre la que versará el discurso.

2) La división y subdivisiones posibles de la totalidad del discurso en varias partes, según la posible división del tema a tratar en subtemas.

3) Las similitudes, comparaciones y diferencias posibles entre los subtemas, sus relaciones temporales, de causalidad, de género-especie, etc.

4) Los hechos y acontecimientos que concurren, presentes y pasados, posibles e imposibles; los testimonios concurrentes de autoridades, testigos, documentales, etc., sobre el tema y subtemas en cuestión.

5) Las causas y motivaciones de las tesis y de las argumentaciones que se van a sostener a lo largo del discurso.

En el contexto específico del discurso y de la argumentación jurídicas, la *inventio* es, como hemos dicho, la parte en la que se fija el estado de la causa o cuestión jurídica a tratar. En principio, es fundamental tener en cuenta las distintas particularidades del discurso que se pretende elaborar, en función de si se trata de un discurso judicial, de un abogado, de un legislador, de un teórico del Derecho, etc. Así, por ejemplo, un juez de apelación debe partir de las actuaciones previas del juez de primera instancia y de la documentación previa aportada por las partes; un abogado deberá considerar el testimonio de su cliente, los documentos relevantes para determinar la posición jurídica de éste de la manera más ventajosa para sus derechos e intereses, los antecedentes fácticos del caso, las argumentaciones previas de la parte contraria si debe contestar una demanda o presentar un recurso, etc.

En suma, se trata de fijar el estado de la cuestión con la mayor precisión posible, especialmente en sus aspectos más problemáticos. La búsqueda, el acopio y la valoración inicial de la información que resulta en principio relevante, y del material argumentativo previo, así como su esquema de ordenación inicial, constituyen los objetivos principales de la *inventio* en todo discurso, por supuesto también en el jurídico, de tal manera que el orador logre hacerse una primera idea, lo más precisa posible, sobre lo que podría ser el posterior desarrollo argumentativo concreto del discurso.

4.2. *Dispositio* (ordenación)

Una vez realizada la *inventio*, que en el ámbito del discurso jurídico consiste en la determinación de las ideas a emplear, la recopilación de los hechos (también llamados, como veremos en el capítulo siguiente, *pruebas atécnicas*) y de los argumentos probatorios, así como de los tópicos o lugares comunes a emplear, es el momento de la *dispositio* (también llamada *taxis*). Esta es la fase del discurso donde se ordenan y se estructuran todas sus partes de una determinada manera, de cara a conseguir una mayor eficacia en el auditorio; esto es, de la elaboración del enunciado del discurso.

Tradicionalmente, se han venido distinguiendo cinco partes sucesivas en la *dispositio*, que se denomina *ordo naturalis* u ordenación natural del discurso:

A) El *exordium (exordio)*, que constituye la fase inicial de apertura del discurso en la que se trata de captar el interés, la receptividad y la empatía del auditorio (*captatio benevolentiae*, decían los clásicos), preparándolo para que escuche seguidamente el núcleo central del mismo. En esta fase se ejecuta la parte introductoria del discurso (Aristóteles lo comparaba con el prólogo y el preámbulo[13]), en la cual se determina, con la mayor precisión posible, la cuestión sobre la que se va a argumentar más adelante, fijándose así las condiciones iniciales de la argumentación; y también en ella el orador trata de mostrar su competencia, habilidad y honestidad personales de cara a persuadir *ab initio* al auditorio.

B) La *narratio (narración)*, que es donde se efectúa el relato claro, breve y verosímil de los hechos, los temas y las cuestiones a tratar en el discurso de la manera más favorable a los fines del orador, con el propósito de instruir (*docere*) al auditorio sobre ellos. En este sentido, es importante que la narración sea lo más precisa posible en relación con la causa para evitar divagaciones o digresiones innecesarias que puedan relajar o distraer la atención del auditorio.

C) La *divisio (división),* en la cual se distinguen cada uno de los aspectos a tratar y se diferencian los controvertidos de los incontrovertidos.

D) La *argumentatio (argumentación)*, la cual constituye el núcleo más importante del discurso, ya que contiene los argumentos que se esgrimen y que se refutan por ser contrarios a las tesis del orador *(refutatio)*. Algunos tratadistas incluyen aquí la llamada *confirmatio (confirmación)*, es decir, la valoración personal de los argumentos expuestos.

E) Por último, la *peroratio (peroración)*, la cual constituye el epílogo del discurso, en el cual se recapitulan y resumen las pruebas y los argumentos expuestos, y se predispone emotivamente al auditorio hacia el fin querido.

---

13 ARISTÓTELES, Retórica, 1414 b.

> Desde Quintiliano, se han distinguido tres partes en la *peroratio*: la enumeración o recapitulación meramente enunciativa, no exhaustiva, de los argumentos expuestos; la amplificación de la acusación o indignación, con el fin de disponer desfavorablemente al auditorio contra la otra parte y sus argumentos; y, por último, la súplica o conmiseración para provocar empatía y sentimientos favorables hacia el orador.

Evidentemente, todo discurso jurídico es un discurso argumentativo, ya que, como venimos diciendo, el Derecho reviste una fundamental dimensión argumentativa, que es manifestación de su sentido justificativo. Así pues, el discurso jurídico está compuesto de argumentaciones y de argumentos que es necesario presentar, por parte del orador, de una manera también ordenada, en función de su propósito e interés particular: no en vano, como acabamos de indicar, la *dispositio* tiene una de sus partes principales en la *argumentatio*. En virtud de este criterio, la *dispositio* de un discurso jurídico puede ser de dos tipos: el llamado *ordo naturalis* o cronológico, y el *ordo artificialis* u *ordo artificiosus* o pragmático.

El *ordo naturalis* es el expuesto antes, en cinco partes; mientras que el *ordo artificialis* es más elástico y multiforme, según la valoración de los argumentos y los contra-argumentos que se tenga intención de emplear en el discurso. En consecuencia, existen distintas formas de *ordo artificialis*, tales como, por ejemplo, la ordenación *in medias res*, la lógica o causal, la aleatoria, la convencional (el alfabético u otro), la topográfica, la mnemotécnica, la graduada o gradativa -según prioridades-, la de importancia, la de complejidad progresiva (propia del discurso didáctico), la de preferencias, la retroalimentada progresiva y auto-reflexivamente, la de impacto psicológico (si es descendente, se denomina *disfémica*; si es ascendente, *eufemística*), la de mayor o menor familiaridad, la egocéntrica, según sea lo más querido o interesante para el auditorio, etc.

En todo caso, dentro del *ordo artificialis*, la valoración que realice el autor del discurso de los argumentos que están en juego, determinará el grado y la amplitud de su desarrollo, en función de la importancia de los puntos de la argumentación, dejando de lado aquellos que se estima que empleará el eventual contra-argumentador u oponente. De este modo, según el orden que se establezca de los argumentos en el discurso, tales argumentos pueden disponerse en un *orden creciente* (de los más débiles a los más fuertes), o bien *decreciente* (de los más fuertes a los más débiles).

El orden *creciente* resulta útil para poner de manifiesto una primera posición de fuerza, pero presenta el inconveniente de que se corre el riesgo de predisponer desfavorablemente al auditorio desde el inicio por esta inicial impresión de suficiencia. El orden *decreciente* actúa emotivamente en sentido inverso al anterior, pero tiene su punto débil en el hecho de que puedan quedar en la memoria activa del auditorio los últimos argumentos expuestos –es decir, los más débiles-, corriéndose así el riesgo de dejar una impresión negativa. En consecuencia, el orden más común y prudente, en este sentido, es el *ordo nestorianus* (también conocido como *homérico*), el cual se ciñe al orden en que Néstor dispuso sus tropas en la *Ilíada*: los más débiles en el centro y los más fuertes al principio y, sobre todo, al final.

En el ámbito específico del discurso y de la argumentación jurídica, la *dispositio* viene a constituir la explicitación y la concreción de la idea inicial que el autor del discurso se ha hecho al final de la fase de *inventio*. Así, por ejemplo, en el ámbito forense, es en esta fase donde el juez debe plantearse si admite la propuesta completa de una de las partes del litigio, o bien recoger parcialmente las propuestas de ambas elaborando una argumentación integradora; siempre, claro está, de acuerdo con los principios que rigen su función jurisdiccional: imparcialidad, objetividad, neutralidad, etc.

Algo distinto ocurre en el caso del abogado en el ámbito de un proceso judicial, el cual, sin embargo, debe acometer la *dispositio* desde un punto de vista diferente, puesto que se encuentra condicionado por el hecho de tratar de lograr el mayor beneficio para su cliente, sin perder de vista, naturalmente, la exigencia general de corrección que deben tener su discurso y argumentación si quiere cumplir con unas mínimas garantías de solvencia técnica y de credibilidad. Así pues, bajo esta dialéctica entre objetividad y subjetividad se ubica la *dispositio* del abogado en su discurso argumentativo; en este sentido, por ejemplo, el *exordium* juega un papel mucho más importante en el discurso del abogado que en el del juez, debido a la necesidad que tiene aquél de captar el interés del auditorio en su favor.

4.3. *Elocutio* (ornato)

Una vez determinado el discurso en la fase de *inventio* y ordenado en la de *dispositio*, corresponde ahora establecer el modo en que se va a expresar tal discurso, esto es, el estilo que se va a adoptar en el discurso en la fase de *elocutio* u ornato (también conocida como *lexis*) que, en definitiva, es la manera de escribir o hablar que emplea el orador para transmitirlo. Es la fase, pues, en que se manifiesta de manera más patente la elocuencia del orador.

Se suelen distinguir tres grandes estilos o registros retóricos: el sublime o alto, el medio y el sencillo o bajo. El sublime persigue conmover al auditorio; el medio deleitarlo y el sencillo informarle o instruirle. El más habitual, en el ámbito del discurso jurídico, es el sencillo, debido a su precisión y justeza; no obstante, en función del contexto pueden adoptarse también los otros dos estilos.

Las cuestiones de estilo están directamente relacionadas con el lenguaje que se emplea para captar y mantener la atención del auditorio. En este aspecto, adoptan un protagonismo especial los recursos lingüísticos que el autor del discurso ha de utilizar; singularmente, las *figuras retóricas*, que son los modos de expresión que otorgan al discurso un determinado perfil dirigido a lograr el fin que se persigue.

Las figuras retóricas son diversas y abundantes, y pueden reducirse a la siguiente tipología desde un punto de vista estrictamente lingüístico:

A) Figuras de dicción o *metaplasmos:* consisten en la variación de la estructura de los vocablos recurriendo a procedimientos como la supresión, adición o transposición de las letras que los componen.

B) Figuras de construcción: consisten en una alteración de los diferentes modos de ordenación sintáctica, contraviniendo sus estructuras habituales con el fin de obtener un efecto buscado.

C) Tropos: consisten en dar a una palabra un significado distinto al que le corresponde convencionalmente, aunque sin perder totalmente la alusión o referencia a tal significado convencional.

Más allá del plano puramente técnico-lingüístico, también la *elocutio* puede considerarse desde una perspectiva más amplia que tiene que ver con el estilo que, en términos generales, se va a adoptar para comunicar el discurso para conseguir el objetivo perseguido. Así, por ejemplo, la *elocutio* comprende el eventual empleo de ejemplos, analogías y parábolas con el fin de llamar la atención del auditorio, o de reforzar determinados argumentos.

Si nos fijamos en el ámbito jurídico, es en la *elocutio* del discurso jurídico donde se plantea toda la problemática atinente al lenguaje jurídico como medio de comunicación del contenido del discurso. En Derecho, el lenguaje puede ser oral y escrito, si bien, este último es el más importante debido a la propia naturaleza escrita del Derecho en la actualidad, aun cuando progresivamente vaya tomando cada vez más pujanza el lenguaje oral, especialmente en el ámbito del proceso penal. De ahí que sea tan importante para el jurista saber escribir bien, y por supuesto, también hablar bien, teniendo en cuenta la mentada oralidad del lenguaje jurídico en determinadas circunstancias, al objeto de que el jurista sea lo más elocuente posible, tratando de evitar un lenguaje equívoco, ambiguo o vago, ordenando las ideas que componen el discurso en distintos apartados (títulos, epígrafes, subepígrafes, etc.) y párrafos, redactando con una buena puntuación, etc. Sobra decir que el jurista debe poseer un buen conocimiento y manejo de la gramática, de la ortografía, de la semántica y de la sintaxis.

No debe olvidarse que el lenguaje jurídico es un tipo de lenguaje muy especializado, y, por ello, con un sentido funcional (en esto se distingue del lenguaje natural) que persigue un objetivo principalmente utilitario en el ámbito específico de lo jurídico. La funcionalidad del lenguaje jurídico responde, en el fondo, a la necesidad de que resulte eficaz en relación con todo lo que atañe al Derecho en todas sus dimensiones. Así pues, el lenguaje jurídico debe ser impersonal y sencillo dentro del grado de complejidad y de especialización que le es propio: deben evitarse las licencias estéticas y poéticas, a las cuales debe acudirse solo de manera accidental.

Tradicionalmente, la Retórica ha ofrecido tres criterios fundamentales para emplear bien el lenguaje jurídico: claridad, precisión y concisión. En definitiva, se trata de comunicar de la manera más correcta, eficaz y breve posibles el mensaje jurídico en cuestión, en función de los ámbitos y de los contextos en los que se esté profiriendo el discurso, puesto que no tiene el mismo carácter el lenguaje legal que el jurisprudencial o el doctrinal.

4.4. *Actio* (acción)

La *actio* o acción (también conocida como *hipócrisis*) del discurso se circunscribe a la modalidad de discurso oral, y hace referencia a las distintas presentaciones exteriores, al aspecto, apariencias, movimientos corporales, gestos, vestimenta, forma de hablar y entonaciones (a lo relativo a estas dos últimas se le suele denominar *pronuntiatio* o *pronunciación)* que el orador despliega para pronunciar eficazmente su discurso oral ante el auditorio: en general, la *actio* no es otra cosa que la *elocutio* cuando se considera desde la perspectiva del discurso oral.

Ello le otorga un pequeño matiz en relación con el discurso escrito, ya que es importante, debido a su carácter de representación pública, tener en cuenta la *teatralidad* que acompaña a la ejecución de todo discurso oral, el cual, además, pretende ser persuasivo, tal y como lo pretende el jurídico. Así pues, la *actio* constituye el elemento dinamizador del discurso en el contexto fáctico y empírico del discurso oral; es aquella parte, pues, que se realiza directamente ante el auditorio, al cual se pretende conmover (*movere*) en favor de las tesis del orador.

Si tuviéramos que especificar el objeto de la *actio* en relación con el discurso jurídico, diríamos que se refiere a las actuaciones de los abogados (y en menor grado de los jueces) en los juicios orales, a las de los parlamentarios en sus discursos ante el parlamento en los procesos legislativos, a la interlocución oral entre las diversas partes en los procesos de mediación de negociación, etc. Es muy importante, pues, desarrollar una alta capacidad para hablar en público, una buena dicción, un eficaz manejo de la entonación y de la gestualidad, etc., es decir, de todas las cualidades personales del orador para ejecutar un convincente y persuasivo discurso oral.

En esta parte es muy relevante una buena memorización del discurso oral en su orden concreto y de todos los elementos que lo componen[14]; no en vano, en la Retórica clásica oral se ha venido considerando esta memorización como una fase independiente del discurso, a la que se denomina *memoria* o *mnémosime*. Obviamente, en el contexto de la actividad de los abogados es importante el ejercicio de esta habilidad por la importancia que tiene la fase de juicio oral en muchos procesos judiciales, de tal modo que una buena memorización del discurso es fundamental para no olvidar ningún aspecto que pueda resultar clave para los derechos e intereses de los clientes.

Para concluir, debe tenerse siempre presente que la consideración de todas estas partes del discurso jurídico ha de ser integral. Desde la conciencia de la entidad propia de cada una de ellas, el orador ha de construir su discurso teniendo siempre presente su integralidad, en función del ámbito, del contexto y del auditorio concretos ante los que se produzca, de tal modo que no exista desproporción ni incoherencia entre aquéllas, priorizando unívocamente una o varias de estas partes sobre las demás. El discurso constituye un proceso que debe ser equilibrado y, sobre todo, debe tratar de conseguir la mayor eficacia que sea posible, respetando las clásicas reglas del *decorum* (de lo conveniente, lo digno, lo oportuno) sin renunciar tampoco a la finalidad persuasiva que se persigue en cada caso concreto.

En definitiva, un buen discurso es aquel donde se da una adaptación máxima entre el fin del orador *(ethos)*, el texto y el

---

14 Sobre la necesidad o conveniencia de memorizar la totalidad de discurso, existen opiniones encontradas: los clásicos recomendaban memorizarlo por completo, pero no tiene por qué ser obligatoriamente así, ya que puede bastar con la memorización solo de determinadas partes del discurso que se consideren las más importantes, o de ideas o palabras clave, si el orador no tiene buena memoria, siempre, obviamente, con el apoyo de un guion escrito. Lo que sí es importante es que el orador memorice la estructura básica del discurso para tener plenamente controlado el hilo fundamental de su exposición.

objeto del discurso (*logos*) y el auditorio al se dirige (*pathos*). He aquí la regla de oro de todo autor de buenos discursos jurídicos.

CAPÍTULO VIII.

RETÓRICA Y ORATORIA FORENSES

1. EL DISCURSO FORENSE COMO PROTOTIPO DEL DISCURSO JURÍDICO

El prototipo de discurso jurídico es el judicial o forense, es decir, el discurso que tiene lugar ante un auditorio compuesto por un juez o tribunal (y eventualmente el jurado), por el Ministerio Fiscal y por las partes que intervienen en el proceso, representadas por sus respectivos abogados. Este esquema discursivo ha constituido históricamente el referente principal bajo el que ha surgido y se ha desarrollado la Retórica jurídica, especialmente en relación con la Retórica de los abogados, los cuales poseen aquí el protagonismo central desde un punto de vista retórico y oratorio, ya que son quienes cumplen la función de convencer y persuadir al juez (y, en su caso, al jurado) en favor de los derechos e intereses de sus clientes.

En España, a partir de la promulgación de la Ley 1/2000, de 7 de enero, de Enjuiciamiento Civil, el principio de oralidad ha pasado a tener un peso mucho mayor que antes en todos los procedimientos jurisdiccionales, de tal manera que la Retórica y, especialmente, la Oratoria han obtenido una importancia también mayor en la actividad procesal de los abogados en prácticamente todas las fases del proceso, ya sea como ejercicio retórico por escrito (interposición de la demanda, denuncia, querella, etc.), o bien como ejercicio oratorio (informes, exposición de las conclusiones frente al auditorio del juicio oral en el momento previo a la decisión judicial).

Si pensamos en la importancia del discurso oral del abogado en el actual discurso forense, debemos fijarnos preferentemente en la *actio* forense del abogado. En este sentido, pues, debemos partir de la idea de que resulta aplicable todo lo dicho en relación con la *actio* en general, si bien hay que tener en cuenta una serie de especificidades.

En primer lugar, el discurso forense se lleva a cabo en la sala de vistas del juzgado o tribunal y el abogado va revestido con su preceptiva toga, debiendo permanecer siempre sentado frente a una mesa, y ocupar, según la posición procesal en que se encuentre (abogado defensor o acusador), un lado (izquierdo o derecho) del juez o tribunal[1]. Durante la celebración de la vista oral, el abogado debe mantener una compostura adecuada, el máximo respeto a todos los miembros del auditorio y debe transmitir una impresión de seriedad, rigor y honestidad[2].

En segundo lugar, el abogado debe controlar toda su gesticulación, tanto facial como corporal, tratando de transmitir seguridad en sí mismo, sin hacer aspavientos, mostrando interés y proactividad con respecto a todo lo que se diga y evitando gestos extemporáneos y desdeñosos. Debe tener también un apropiado contacto ocular con todos los miembros del auditorio (evidentemente, esto es imposible si el abogado se limita a leer su discurso previamente escrito...), tratando de no fijar su mirada exclusivamente en una sola persona, ni de mirar al suelo o al techo de la sala, sino al juez y miembros del tribunal, sin mostrar una especial insistencia en alguno de ellos para no parecer impertinente ni desafiante, así como al Ministerio Fiscal, a la otra parte y al jurado cuando se dirija a ellos.

---

1 Al otro lado se ubicaría el público asistente, las partes y testigos que comparezcan, y en frente, la otra parte y el Ministerio Fiscal, si éste debiera intervenir.

2 Las normas que regulan las actuaciones de los abogados y los debates en la sala de vistas se encuentran contenidas en el Estatuto General de la Abogacía (Real Decreto 658/2001, de 22 de junio) y en el Código Deontológico de la Abogacía Española, aprobado por el Consejo General de la Abogacía Española el 6 de marzo de 2019.

En tercer lugar, en relación con la *pronuntiatio* forense o comunicación verbal, el abogado debe tener en cuenta que debe pronunciar sus discursos y alocuciones sentado, de modo que no puede levantarse mientras los realiza. El letrado debe hablar con claridad, entonando adecuadamente para que se le escuche bien, tratando de enfatizar aquellas partes de su discurso que así lo requieran. Aun cuando el tono de la voz deba ser constante, no es conveniente emplear un tono monocorde y frío, ya que es fácil que decaiga la atención del auditorio y pueda perder así eficacia su discurso. Tampoco es recomendable hablar a un ritmo demasiado rápido, ya que se corre el riesgo de que el auditorio no capte totalmente lo que se está diciendo; ni demasiado lento, puesto que puede ser motivo de aburrimiento para el auditorio.

En definitiva, la acción oratoria del abogado deberá lograr una equilibrada y armoniosa conjunción de todos estos elementos para que su discurso oral resulte eficaz.

2. LAS PRUEBAS EN EL DISCURSO FORENSE

Las pruebas son argumentos cuyo fin es demostrar la existencia de un hecho o situación fáctica; por lo tanto, en el ámbito del Derecho, las pruebas son la garantía de la veracidad de tal hecho o situación, en tanto que estos últimos constituyen las premisas materiales de los argumentos jurídicos. El sentido de las pruebas estriba en demostrar la veracidad de lo que se afirma o se niega en relación con los hechos.

En los procesos judiciales, las partes suelen contradecirse recíprocamente sobre la veracidad y/o falsedad de los hechos que están en juego, de modo que las pruebas permiten al juez formarse su propia convicción sobre los hechos de cara a emitir su sentencia, según las normas jurídicas que corresponde aplicar a ese caso particular.

Realmente, los hechos tienen una gran importancia en los discursos jurídicos forenses, ya que, con muchísima frecuencia, en los procesos judiciales constituyen el objeto central de debate, más que las normas jurídicas que deben aplicarse al caso concreto[3]. Así pues, su calificación procesal como *hechos jurídicamente probados* resulta fundamental, puesto que no todos los hechos que concurren en una concreta situación fáctica tienen relevancia jurídica y, entre los relevantes jurídicamente, solo tienen garantía de veracidad jurídica aquellos que han sido probados mediante los medios de prueba previstos en el sistema probatorio procesal previsto por el propio ordenamiento jurídico. Hasta tal punto esto es así, que una situación fáctica puede resultar perfectamente probada a los ojos de cualquier persona, pero no ser considerada así desde el punto de vista técnico-procesal, al haber empleado -por ejemplo- medios de prueba prohibidos por el ordenamiento. En este caso estaríamos ante una *verdad material* que no es susceptible de ser considerada también como *verdad jurídica.*

Asimismo, la relación entre hechos y normas es también fundamental a la hora de establecer los hechos jurídicamente relevantes y probados, puesto que la perspectiva de la norma jurídica que los establecen como supuesto de hecho resulta ineludible para formular un juicio adecuado sobre su valor y pertinencia en ese caso concreto.

Los medios de prueba más habituales son la confesión de una o de las dos partes procesales, el interrogatorio judicial de las partes, los testimonios de las personas que actúan como testigos en un juicio oral, la inspección personal del juez, los documentos notariales alegados como pruebas por las partes

---

3 La Teoría de la argumentación jurídica se viene ocupando actualmente cada vez más en el estudio de la argumentación jurídica en torno a los hechos, debido precisamente a su gran importancia para comprender adecuadamente las múltiples dimensiones de la argumentación jurídica en general.

del proceso, los documentos privados, los informes y dictámenes periciales ofrecidos por especialistas en relación con los hechos que se enjuician en el proceso, etc. En todo caso, según la actual legislación española, la prueba ha de respetar siempre las reglas de la buena fe, incidiendo especialmente en que "no surtirán efecto las pruebas obtenidas, directa o indirectamente, violentando los derechos o libertades fundamentales" (art. 11, 1º de la Ley Orgánica 6/1985, de 1 de julio, del Poder Judicial).

Tradicionalmente, se distinguen entre pruebas *atécnicas* o *inartificiales* y pruebas *técnicas* o *artificiales*:

A) Las pruebas *atécnicas* o *inartificiales* son aquellas que, por su propia naturaleza, le vienen dadas de suyo a la parte procesal que las afirma sin que requieran de ningún esfuerzo argumentativo especial. Ofrecen un grado de veracidad muy alto en relación con los hechos que pretenden probar. Es el caso de las normas jurídicas que resultan aplicables al caso, los documentos públicos, las pruebas testificales, etc.

B) Las pruebas *técnicas* o *artificiales* exigen ya un esfuerzo argumentativo para la parte que las presenta en el proceso de cara a demostrar la veracidad de los hechos que pretende probar. Así pues, el grado de veracidad que ofrecen es bastante inferior al de las atécnicas o inartificiales. Este tipo de pruebas son los signos o señales sensoriales que acompañan a un hecho o a una situación fáctica y que precisan que la parte procesal demuestre la relación entre sí para poner de manifiesto su veracidad (la sangre encontrada en el lugar de los hechos como signo de que se ha producido un asesinato, por ejemplo); los propios argumentos esgrimidos, los cuales requieren de la parte procesal un esfuerzo de elaboración en favor de sus derechos e intereses jurídicos; y, finalmente, los ejemplos, que se emplean por la parte para reforzar sus argumentaciones o para provocar reacciones emotivas favorables en el auditorio.

Una vez establecido qué es una prueba procesal, sus tipos y los medios para llevarla a efecto, corresponde determinar a quien corresponde y cómo efectuarla. Es lo que se denomina *carga de la prueba*, la cual consiste en la realización de una determinada actividad por la parte que quiere presentar una determinada prueba en el marco de un proceso judicial con el fin de afirmar su titularidad de un derecho subjetivo, o de negar o desvirtuar la existencia de un derecho de la parte contraria. Por lo tanto, se trata de una actividad voluntaria, ya que las partes no están obligadas a presentar pruebas en el proceso, ni tampoco unas determinadas pruebas en particular. Sin embargo, en el proceso penal el panorama es algo distinto, en la medida en que le corresponde la carga de la prueba al Ministerio Fiscal[4] y a la acusación popular, en virtud del principio de presunción de inocencia del acusado.

Una vez practicadas las pruebas, cada una de las partes procesales debe exponer detallada y minuciosamente su propia versión de los hechos basándose en aquéllas (a ser posible relacionando cada hecho concreto con la invocación concreta de cada prueba), poniéndolos en evidencia ante el auditorio. Seguidamente, corresponde al juez valorarlas seleccionando y ponderando las más sólidas -esto es, las que parecen demostrar la veracidad de los hechos- sobre las más débiles y las abiertamente ilegales, bajo los principios de prudencia y proporcionalidad en su valoración.

El Derecho procesal impone dos criterios al respecto: las pruebas legales o tasadas y las pruebas susceptibles de ser con-

---

4 En el marco del procedimiento penal, el Ministerio Fiscal sí tiene el deber jurídico de investigar lo que ocurrió realmente (la verdad material) y, en consecuencia, debe proponer y practicar cuantas pruebas sean necesarias a tal fin.

sideradas libremente por el juez. En las primeras, el propio Derecho determina el valor que hay que conceder a cada prueba en particular, mientras que, con respecto a las segundas, es la convicción personal del juez el criterio de valoración de todas las pruebas presentadas en particular y en su conjunto. Ambos criterios se pueden tomar de manera interrelacionada (los llamados *sistemas mixtos*), si bien con ciertos límites (por ejemplo, en relación con los documentos públicos y las presunciones, los cuales han de ser valorados como pruebas indubitables por parte del juez).

3. TIPOS DE ARGUMENTOS JURÍDICOS EN EL DISCURSO FORENSE

Según el Diccionario de la Real Academia de la Lengua Española, un argumento se define como un "razonamiento para probar o demostrar una proposición, o para convencer de lo que se afirma o se niega". En consecuencia, el argumento es una prueba de carácter racional y deductivo que tiene una naturaleza demostrativa y persuasiva en relación con la proposición que se quiere demostrar o con aquello sobre lo que se pretende persuadir a un auditorio determinado. Como dice Gregorio Robles, un argumento (naturalmente también un argumento jurídico) es, pues, un tipo de razonamiento que, a diferencia de los cálculos matemáticos y científicos, no es indiscutiblemente exacto, sino aceptable y aceptado por parte de un determinado auditorio, de tal modo que un "buen argumento" es aquel que logra convencer al auditorio al que va dirigido[5].

---

5 ROBLES MORCHÓN, G., Retórica para juristas, Santiago de Chile, Olejnik, 2019, 38-39.

Existen múltiples y diversos criterios para clasificar los argumentos jurídicos. En coherencia con las distinciones que hacíamos en el capítulo 2 en relación con las grandes concepciones en torno a la argumentación jurídica (además de ser una clasificación muy común), distinguiremos aquí entre argumentos considerados desde una perspectiva formalista y desde una perspectiva materialista.

Debido a la enorme importancia de la interpretación jurídica como proceso intelectual que incide profundamente en la dimensión material de la argumentación jurídica, consideraremos también una tipología muy usual de los llamados *argumentos interpretativos*, los cuales son expresión de la compleja problemática que está en juego en la interpretación del Derecho, especialmente de las normas jurídicas.

3.1. Tipos de argumentos jurídicos desde una perspectiva formalista

Una tipología muy conocida de argumentos jurídicos se basa en la forma de éstos. Así, los argumentos jurídicos pueden ser *deductivos* (también llamados *analíticos*), *inductivos* y la argumentación *abductiva*:

A) Los *argumentos deductivos* son aquellos en los cuales el vínculo entre las premisas y la conclusión es necesario, sin entrar a considerar el contenido material del argumento: se sustentan, pues, sobre una inferencia deductiva. Una premisa *verdadera* o *correcta* llevará, pues, *necesariamente* a una conclusión también *verdadera* o *correcta*. En consecuencia, bajo esta perspectiva, hablaremos de argumentos *válidos* o *inválidos* (o también *correctos* o *incorrectos*).

Es importante insistir en que el criterio de validez formal no garantiza la total corrección de un argumento jurídico, ya que no se tienen en cuenta, como hemos dicho, criterios materiales y el propio contenido del argumento, de tal manera que cabe la posibilidad de construir un argumento válido y correcto en el plano lógico-formal, pero que parta de premisas falsas; o bien un argumento inválido e incorrecto pese a que las premisas y la conclusión puedan ser verdaderas. Así pues, los argumentos deductivos válidos son aquellos cuya conclusión está contenida *necesariamente* en las premisas. El ejemplo clásico es el siguiente:

Todos los hombres son mortales (Premisa mayor)

Sócrates es hombre (Premisa menor)

Sócrates es mortal (Conclusión necesaria)

El ámbito de la lógica formal que se ocupa de los argumentos deductivos es el que, desde Aristóteles, se conoce como *silogística*. Entre los diversos tipos de silogismos, podemos distinguir, por su relevancia en el ámbito de la argumentación jurídica, los siguientes: bajo la estructura formal de *modus ponens*, estarían, por ejemplo, el silogismo subsuntivo, el silogismo transitivo y el silogismo disyuntivo; así como aquellos argumentos cuya estructura formal es, en general, *modus tollens*:

A1) El *silogismo subsuntivo* constituye el argumento más común en los procesos de aplicación del Derecho y responde, como se dice arriba, a una estructura formal de *modus ponens*: si se da un determinado hecho (H), entonces debe ser la consecuencia jurídica (C); en el presente caso se da el hecho H, por lo tanto, debe ser la consecuencia jurídica C. Como se puede observar, el caso se subsume bajo el supuesto de hecho previsto en la norma para que pueda deducirse la consecuencia jurídica establecida en tal norma.

A2) El *silogismo transitivo* responde al siguiente esquema formal: "si *p*, entonces *q*; si *q*, entonces *r*; por lo tanto, si *p*, entonces *r*". Un ejemplo es el siguiente: "Ana es mayor que Rosa / Rosa es mayor que Isabel / luego, Ana es mayor que Isabel".

A3) El *silogismo disyuntivo* suele emplearse también como esquema formal de argumentos jurídicos. Puede expresarse así: "*p* o *q*; no *q*; por lo tanto, *p*"; o también: "*p* o *q*; no *p*; por lo tanto, *q*". En forma de dilema, el silogismo disyuntivo se representaría formalmente como sigue: "*p* o *q*; si *p*, entonces *r*; si *q*, entonces *r*; por lo tanto, *r*". Ejemplos al respecto serían los siguientes:

"O es de día o es de noche;
es de día;
luego no es de noche".

"O es de día o es de noche;
es de noche;
luego no es de día".

"O es de día o es de noche;
no es de día;
luego es de noche".

"O es de día o es de noche;
no es de noche;
luego es de día".

A4) Otra forma de argumento jurídico deductivo es el *modus tollens*, el cual obedece al siguiente esquema formal: "Si *p*, entonces, *q*; no *q*, por lo tanto, no *p*". Como vemos, el *modus tollens* supone la *negación* del *consecuente*, y desde ahí, la negación del antecedente (y no viceversa). Un ejemplo sería el siguiente: "Si es un coche, tiene ruedas. No tiene ruedas. Por lo tanto, no es un coche".

B) Los *argumentos inductivos* son aquellos en los que la relación lógica entre las premisas y la conclusión no es necesaria, sino *probable*, *plausible* o *contingente*, ya que se articulan sobre una inferencia inductiva. Un ejemplo típico sería:

"X es español y moreno (Premisa)

Y es español y moreno (Premisa)

Z es español y moreno (Premisa)

Probablemente, todos los españoles son morenos (Conclusión probable o contingente)

o bien

B es español y moreno (Conclusión probable o contingente)"

C) Los procesos de argumentación *abductiva* son aquellos que implican la formación de nuevas hipótesis explicativas a partir de la introducción de nuevas premisas o ideas. Un argumento abductivo elige la explicación más probable a un fenómeno entre varias posibilidades. Así pues, participa en la determinación de distintas soluciones posibles a la cuestión principal.

No existe en sentido estricto la inferencia abductiva, al modo en que lo son la deductiva y la inductiva, pero sí es posible aportar un esquema formal de razonamiento abductivo, que podría representarse como sigue:

Se observa el hecho extraordinario X

Pero si Y fuera verdadero, X sería cosa normal

Por lo tanto,

Hay razón para sospechar que Y es verdadero

Un ejemplo de razonamiento abductivo sería el siguiente: "La paciente declara que no ha tenido la menstruación en más de seis semanas. Lo más probable es que esté embarazada".

3.2. Tipos de argumentos jurídicos desde una perspectiva materialista

Considerar los argumentos jurídicos desde esta perspectiva significa entenderlos como razones jurídicas que justifican las argumentaciones jurídicas, las cuales pueden ser, según cada caso en juego, buenas o malas razones jurídicas.

La clasificación de tales razones jurídicas tiene el sentido y la utilidad de mostrar un panorama general de las distintas posibilidades de justificación material de los razonamientos y argumentos jurídicos. He aquí las más importantes:

1) En virtud de su naturaleza epistémica, se distingue entre:

   a) Razones *teóricas*: son aquellos argumentos dirigidos a formar y sustentar ideas y creencias abstractas y generales sobre la realidad jurídica.

   b) Razones *prácticas*: pretenden ofrecer criterios orientados a la acción, a la vida jurídica práctica.

2) En virtud de la función que cumplen desde el punto de vista epistemológico, diferenciamos entre:

   a) Razones *explicativas*: aquellas que indican las causas de un fenómeno o acción, así como los objetivos y fines que se pretenden con tal acción.

   b) Razones *justificativas*: constituyen los criterios para considerar una acción como válida, correcta o aceptable.

3) Por su pertenencia o no al sistema jurídico en que se da el argumento en cuestión, las razones pueden clasificarse en:

   a) Razones *sistemáticas*: aquellas que provienen del propio sistema jurídico en que se invocan y manejan argumentativamente.

b) Razones *extrasistemáticas*: aquellas que no tienen su origen directamente dentro del sistema jurídico en cuestión, sino fuera de él.

4) En virtud de la importancia o peso de las razones en la acción o la decisión jurídica, se distingue entre:

a) Razones *perentorias*: aquellas que determinan por sí mismas una acción o una decisión.

b) Razones *no perentorias*: aquellas que influyen en la acción o decisión, pero que no tienen la fuerza para determinarlas por sí mismas.

5) Por el modo en que se valora la fuerza o peso de las razones en la argumentación jurídica, se dividen en:

a) Razones *definitivas, decisivas o concluyentes*: aquellas que prevalecen sobre el resto de razones y circunstancias de la acción o de la decisión.

b) Razones *no definitivas, no decisivas o no concluyentes*: al contrario que las anteriores, no tienen la suficiente fuerza para prevalecer sobre el resto.

c) Razones *absolutas*: son aquellas que, siendo aplicables a un supuesto concreto, en ningún caso y bajo ningún concepto, pueden ser derrotadas por otras razones.

6) En virtud de las relaciones de importancia que guardan entre sí las razones de un razonamiento o argumento jurídico, pueden existir: razones *de primer grado, de segundo grado, de tercer grado,* etc.

3.3. Tipos de argumentos jurídicos interpretativos

Las posibilidades argumentativas en el ámbito jurídico son prácticamente ilimitadas, ya que, en principio, caben una gran cantidad y variedad de argumentos que pueden tener relevancia jurídica en toda la inmensa diversidad de casos posibles, puesto que caben también muchas razones posibles para justificar una argumentación jurídica; de ahí que resulte tan difícil ofrecer una tipología lo suficientemente comprensiva de toda esta compleja problemática. Nos vamos a limitar a ofrecer, pues, una tipología, bajo un criterio meramente descriptivo y bastante simplificador de la variedad y de la heterogeneidad de argumentos posibles, centrada en los llamados *argumentos interpretativos,* que son los que implican problemas de interpretación de las normas jurídicas. Así pues, las más importantes y habituales formas de argumentos desde una perspectiva material y pragmática serían los siguientes:

1) Argumento *literal* o *textual*: constituye el criterio interpretativo básico de las normas jurídicas, ya que este argumento atiende al sentido literal de las palabras en que vienen expresadas éstas. Así viene recogido en el art. 3, 1° del Código civil español: "Las normas se interpretarán según el sentido propio de sus palabras".

   El fundamento de este tipo de argumento se inspira en el clásico brocardo jurídico *in claris non fit interpretatio,* en virtud del cual no cabe interpretación cuando el texto de la norma es indiscutiblemente claro, no resulta ambiguo, equívoco ni multívoco.

2) Argumento *a contrario sensu*: se utiliza para ampliar una consecuencia jurídica determinada a un supuesto de hecho no previsto expresamente por una norma jurídica, pudiendo llegarse, incluso, a un sentido totalmente contrario al inicialmente previsto. Se trata de un argumento que se da en el plano lingüístico, literal, de la norma, ya que se hace una interpretación de ésta (más en concreto de una o varias de las premisas del argumento), buscando la ampliación o la variación del sentido literal fijado en su enunciado lingüístico.

El fundamento del argumento *a contrario sensu* reside en la idea de que, si un texto afirma algo, se está obligado a negar lo contrario y lo que no se ha afirmado expresamente; de ahí que suela emplearse para llevar a cabo interpretaciones restrictivas de las normas jurídicas.

Se estructura sobre tres elementos:

1. Un supuesto S1 no previsto expresamente por una norma jurídica N.
2. Un supuesto S2 al que la norma N le imputa expresamente la consecuencia jurídica C.
3. Al supuesto S1 no se le puede imputar la misma consecuencia jurídica que al supuesto S2.

Un ejemplo de este tipo de argumento sería el siguiente: una norma prohíbe fumar tabaco en dependencias oficiales del Estado, sin especificar si se refiere también a cualquier otra sustancia. *A contrario sensu* se podría interpretar que está permitido fumar marihuana en estas dependencias oficiales, puesto que la norma no lo prohíbe expresamente.

3) Argumento *a simili, a pari* o por analogía: en virtud del argumento por analogía, se extiende una consecuencia jurídica no prevista de manera expresa para un supuesto de hecho no regulado normativamente, al guardar una relación de semejanza con el que sí está explícitamente previsto en la norma. Esta *identidad de razón* (así llama el art. 4, 1° del código civil español a esta relación de semejanza) justifica, pues, la aplicación analógica de la consecuencia jurídica a tal supuesto no regulado de manera expresa y, por ello, constituye un método interpretativo que se suele utilizar para interpretaciones extensivas de las normas con el fin de cubrir lagunas jurídicas.

El argumento por analogía se articula sobre cinco elementos:

1. Una norma N que regula un supuesto S1 al que se le imputa la consecuencia jurídica C.
2. Un supuesto S2 no regulado por ninguna norma.
3. La semejanza entre S1 y S2.
4. La identidad de razón entre S1 y S2.
5. Así pues, por analogía se justifica la imputación de la consecuencia C también a S2.

Siguiendo con el ejemplo anterior, referido a la prohibición de fumar tabaco en dependencias oficiales del Estado, en virtud de este argumento por analogía se prohíbe también fumar marihuana ya que el hecho de fumar ocasiona los mismos perjuicios para la salud de las personas allí presentes, con independencia de la sustancia que se fume.

4) Argumentos *a fortiori* o *a mayor abundamiento*: son aquellos que se emplean, bien para reforzar un argumento previo, bien para un supuesto no previsto expresamente por una norma, pero que se quiere afectar aún con más fuerza por las razones que han motivado la promulgación de tal norma. Suelen emplearse también para efectuar interpretaciones extensivas de las normas jurídicas, lo cual ha dado lugar, con frecuencia, a confusiones con el argumento analógico o *a simili*, dado que desde un punto de vista lógico el argumento *a fortiori* no deja de ser una modalidad analógica, al seguir existiendo en cierta medida una identidad de razón, tanto con el argumento previo al que se refuerza, como con la *ratio iuris* de la norma que se pretende también reforzar con el argumento *a mayor abundamiento*.

Continuando con el ejemplo de la prohibición de fumar tabaco en dependencias oficiales del Estado, se podría argumentar *a fortiori* aduciendo que se justifica la prohibición de fumar también otras sustancias (de carácter psicotrópico, por ejemplo), bien porque se trata de sustancias expresamente prohibidas en general por otra norma distinta, bien porque causan perjuicios todavía mayores que el tabaco para la salud y el bienestar de las personas.

Existen dos tipos de argumentos *a fortiori:* los argumentos *a maiori ad minus* (*el que puede lo más, puede lo menos*), y *a minori ad maius* (*si está prohibido lo menos, está prohibido lo más*). El primero se aplica a las consecuencias ventajosas, como los derechos o las autorizaciones, esto es, a los supuestos previstos en normas permisivas; mientras que el segundo a las desventajosas, como las obligaciones o los deberes jurídicos, es decir a las normas prohibitivas.

Ejemplo de argumento *a maiori ad minus* sería: si soy titular de la propiedad de un bien inmueble, el derecho de propiedad sobre tal bien me permite, con mayor razón, arrendarlo. De argumento *a minori ad maius* sirva de ejemplo el siguiente: si una norma prohíbe causar lesiones físicas a una persona, con mayor razón, prohíbe matarla. Ambos tipos, como vemos, confluyen en el criterio de justificación fundamental de este tipo de argumentos: la *mayor razón* del legislador que subyace implícitamente en la norma para no contemplar los supuestos previstos en los argumentos *a fortiori.*

5) Argumento *económico* o de la *no redundancia*: este tipo de argumento se justifica por la exigencia sistemática de no redundancia entre las normas jurídicas que componen todo ordenamiento que se pretenda coherente, así como por el principio de economía normativa. Supone que, entre dos o más significados posibles de un enunciado normativo, debe rechazarse aquél o aquellos que signifiquen una repetición de lo ya establecido por otra norma al resultar este último superfluo. De esta manera, este ar-

gumento trata de salvaguardar al ordenamiento de incurrir en pleonasmos y superficialidades semánticas y dotar de la mayor efectividad posible a sus normas jurídicas.

6) Argumento por *reducción al absurdo* (*reductio ad absurdum*) o *argumento apagógico:* se suele emplear para rechazar, de entre todas las interpretaciones posibles de una norma, aquella que llevaría a consecuencias absurdas. En realidad, este argumento constituye una demostración indirecta consistente en reforzar la verdad de una tesis, demostrando, a su vez, cómo la contradicción es contradictoria con otra tesis que se ha demostrado ya que es verdadera.

El esquema de este argumento consta de cuatro elementos para alcanzar la conclusión que se pretende:

1. Una tesis *T1*, cuya verdad no se rechaza.
2. Una tesis contraria a *T* (*No T1*), de la que se pretende mostrar su falsedad.
3. Unas determinadas consecuencias de la tesis *No T1.*
4. Una tesis *T2* ya demostrada como verdadera y contraria con las consecuencias obtenidas de la tesis *No T1.*

De este modo, las tesis *T1* y *No T1* son contradictorias, de ahí que, bajo un punto de vista estrictamente lógico, ambas no puedan ser verdaderas. Teniendo en cuenta que las consecuencias de la tesis *No T1* son contrarias a la única tesis tomada como verdadera (*T2*), se deduce que *No T1* es falsa y por lo tanto *T1* verdadera.

Este esquema lógico resulta mucho más complejo cuando se aplica específicamente a la argumentación jurídica, puesto que la determinación de lo que es absurdo o no es mucho más problemática que, por ejemplo, en las Ciencias exactas, al ser lo jurídico un producto histórico, mutable, sociológico y, por lo tanto, esencialmente relativo. Por ello, se ha dicho que lo jurídicamente absurdo es todo aquello que no se corresponde flagrantemente con la realidad; o también aquello que atenta contra la racionalidad del legislador, poniéndola en cuestión o negándola abiertamente.

En relación con el ejemplo que venimos manejando, partamos de una interpretación que afirme que la norma que prohíbe fumar en dependencias oficiales del Estado no prohíbe fumar sustancias psicotrópicas al no indicarlo expresamente. De esta manera, se generaría una consecuencia aparentemente absurda, ya que puede darse el caso de que alguien pueda fumar, por ejemplo, marihuana, ocasionando molestias aún mayores a las personas que se encuentren en estas dependencias, lo cual no es, desde luego, jurídicamente aceptable.

7) Argumento *a cohaerentia* o *sistemático*: con el fin de salvaguardar la sistematicidad del ordenamiento jurídico, tratando de afirmar su coherencia con la eliminación de las antinomias o contradicciones entre normas jurídicas, este argumento consiste en el rechazo de dos normas que contengan mandatos incompatibles entre en relación con un mismo supuesto de hecho. En virtud de este argumento, se puede, bien rechazar tales significados incompatibles, bien atribuir un significado a una de las normas que la haga compatible con la otra. Así queda garantizado el dogma de la coherencia del ordenamiento jurídico, en función del cual no pueden existir regulaciones contradictorias entre sí para un mismo supuesto de hecho (antinomias normativas).

El criterio más usual para invocar este tipo de argumentos es la apelación al principio de jerarquía normativa, en virtud del cual la norma jerárquicamente superior se impone sobre la inferior que la contradice (*lex superior derogat inferiori*). Asimismo, se puede recurrir al principio de especialidad en la regulación del supuesto, en el sentido de que la norma más específica se impone sobre la que lo regula más genéricamente (*lex specialis derogat generali*). Finalmente, se ha recurrido también al criterio de temporalidad, en el sentido de que la norma más reciente se impone sobre la más antigua (*lex posterior derogat priori*).

8) Argumento *sedes materiae*: según este argumento, se otorga o precisa un determinado significado a una norma jurídica en virtud del lugar concreto que ocupa en el contexto normativo del ordenamiento. Así pues, ante la pregunta por el lugar del argumento, se responderá, por ejemplo: "a nivel de *sedes materiae* se ubica topográfica y físicamente en tal espacio del Código civil, lo cual nos lleva a pensar que se trata de una institución de naturaleza jurídico-civil".

   Este tipo de argumentos pretende contribuir a una interpretación adecuada de la norma, de acuerdo con la racionalidad sistemática del legislador.

9) Argumento *a rubrica*: se trata realmente de una modalidad de argumento *sedes materiae*, ya que consiste en la atribución de significado a una norma en función de la rúbrica de la ubicación que ocupa en el contexto del ordenamiento jurídico, esto es, de la rúbrica que encabeza el conjunto de normas en que está recogido; así pues, este título o rúbrica nos ofrece pautas argumentativas para tomar una decisión concreta. La fundamentación es exactamente la misma que el argumento *sedes materiae*: la racionalidad sistemática del legislador.

   Podría servirnos como ejemplo el siguiente argumento: "Al situarse el art. 32 del código civil español, relativo a la extinción de la personalidad civil por la muerte de la persona, dentro de su capítulo I, titulado *De las personas naturales*, debe entenderse en el marco de lo atinente a las personas físicas, y no a las personas morales o jurídicas".

10) Argumento *de autoridad* o *ab auctoritate*: este argumento alude al grado de autoridad que tiene la norma, la fuente, la persona o la instancia invocada para sostenerlo, de tal manera que se apela a tal autoridad o prestigio ajenos para mantener una tesis en favor o interés propio. Su estructura vendría a ser la siguiente: "X (norma, fuente, persona o instancia que debe saberlo) dice Y; por lo tanto, Y es verdad".

11) Argumento *a partir de principios*: este argumento se concreta en la interpretación de una norma conforme a principios jurídicos, constitucionales, positivos (recogidos expresamente en las normas positivas) o principios generales del Derecho. Se toma como base el principio en cuestión y se ejecuta el argumento a partir de él. Por ejemplo: "Según el principio de legalidad, no cabe que una norma administrativa establezca como obligatoria una conducta ilegal para un órgano administrativo".

12) Argumento del precedente: consiste en la invocación de los precedentes jurisprudenciales existentes sobre el caso concreto al que se quiere aplicar este argumento, ya que existe semejanza entre el precedente invocado y el caso en cuestión. El art. 1, 6º del código civil español recoge expresamente este argumento cuando reconoce a la doctrina contenida reiteradamente en la jurisprudencia del Tribunal Supremo una función de complementación del ordenamiento jurídico.

13) Argumento *pragmático*: se trata de un argumento de carácter consecuencialista, consistente en afirmar la verdad de una determinada tesis porque ofrece consecuencias favorables para quien lo afirma, o bien su falsedad por sus consecuencias desfavorables. Estamos, pues, ante un argumento de carácter estratégico, posibilista, ya que no

entra a valorar la supuesta bondad o maldad de lo que defiende, sino que cumple una función de mera utilidad personal para el argumentante. El criterio de utilidad puede ser de muy diverso tipo: social, político, económico, etc., aunque suele invocarse por lo general en el ámbito constitucional, por ser la constitución la norma jurídica fundamental de todo el ordenamiento.

14) Argumento *psicológico*: es un argumento que pretende reproducir la voluntad del legislador que dictó la norma. Se emplea para hacer una interpretación de lo que el legislador ha querido realmente en el momento de la aprobación de la norma en cuestión. Los ejemplos más comunes de este tipo de argumento suelen encontrarse en las exposiciones de motivos de las normas.

15) Argumento *histórico*: muy próximo conceptualmente al psicológico, este argumento apela a la voluntad de los distintos legisladores que han regulado un determinado tema a lo largo de la Historia, en relación con la norma sobre la que se pretende argumentar actualmente. Se asume así la perspectiva del historiador del Derecho, y sus posibilidades argumentativas pueden ser de dos tipos: por un lado, emplear el argumento histórico como razón para legitimar un razonamiento o institución jurídica por la vía de la tradición; por otro lado, como un medio para proponer regulaciones futuras, o bien políticas legislativas de cara a futuro, sobre la base de lo que nos enseña la legislación histórica.

    Este tipo de argumento se entiende, desde un punto de vista metodológico, como uno de los procedimientos clásicos para interpretar la normatividad jurídica vigente. Así lo recoge, por ejemplo, el código civil español, en su art. 3, 1º.

    He aquí un ejemplo de argumento histórico: "La constitución española de 1978 se encuentra en la tradición de las constituciones democráticas y liberales europeas de la segunda mitad del siglo XX. Por ello, debe considerarse una constitución democrática y liberal".

16) Argumento *teleológico*: este tipo de argumentos interpreta el sentido de una norma jurídica en función del fin que pretende lograr ésta. Los fines pueden ser de muy diversa naturaleza (políticos, sociales, económicos, etc.), en función del contexto normativo en que se incardine la norma y del caso concreto en que se realice tal interpretación teleológica.

Al igual que el argumento histórico, el teleológico se ha reconocido siempre como uno de los tradicionales métodos de interpretación de las normas jurídicas, y así se encuentra recogido también en el citado art. 3, 1° de nuestro código civil.

Un ejemplo de argumento teleológico es el siguiente: "La finalidad del recurso de casación civil puro (o en interés de ley) en el Derecho español es, según se desprende de los arts. 490 y sigs. de la Ley de Enjuiciamiento Civil, fijar doctrina".

Como puede comprobarse, la enumeración anterior resulta bastante problemática, puesto que la frontera entre los diversos tipos de argumentos no está clara en muchos casos, e incluso pueden llegar a solaparse entre ellos. No debemos olvidar, pues, que su propósito principal es ofrecer una tipología exhaustiva y convencional sin entrar a discutir en profundidad sobre matices conceptuales, ni sobre las relaciones entre los distintos tipos de argumentos. En suma, lo interesante es comprobar la enorme variedad y diversidad de perspectivas posibles en torno a las muy diferentes posibilidades argumentativas que pueden darse en el ámbito jurídico, en relación con las razones que sustentan las argumentaciones, las cuales no son otra cosa desde un punto de vista material y pragmático que los propios argumentos.

4. LAS FALACIAS

En principio, una buena argumentación es aquella que tiene una estructura lógico-formal correcta, sustentada sobre un esquema de inferencia válido, que contiene razones sólidas, suficientes para convencer y persuadir a su auditorio de acuerdo con las reglas básicas de diálogo entre los participantes en el proceso argumentativo, y que, en consecuencia, aspira a lograr el mayor consenso posible entre ellos sobre la bondad y pertinencia de tal argumentación. Ahora bien, no basta con que *aparentemente* se cumplan estos requisitos generales, sino que deben cumplirse *realmente*. En este punto es donde surge la cuestión de las falacias, en la medida en que constituyen la "piedra de toque" definitiva para valorar una argumentación como *realmente buena*, y no solo como *aparentemente buena*.

Se entiende por *falacia* todo argumento que intenta defender algo que es falso bajo una apariencia de veracidad; un falso argumento que se presenta como verdadero cuando en realidad no lo es. Por lo tanto, la falacia constituye una aplicación incorrecta de un principio lógico válido o de un principio inexistente (en ambos casos, hablamos de *paralogismos*: son falacias cometidas de buena fe, por negligencia o imprudencia), y su finalidad es defender algo falso para confundir o engañar al adversario (*sofismas*: cometidas con intención clara de engañar o defraudar).

Basándonos en la conocida metáfora aristotélica sobre las falacias en relación con los metales preciosos, que afirmaba que *las falacias son como los metales que parecen preciosos, pero sin serlo,* un ejemplo sencillo de falacia sería el siguiente:

1. El oro reluce.
2. Este collar reluce.
3. Luego, este collar es de oro.

Como vemos, las premisas pueden ser verdaderas, pero la conclusión es falsa, de modo que el argumento es falso.

No debe confundirse la falacia con el *entimema*, el cual constituye una modalidad de silogismo en el que se suprime alguna premisa o la conclusión, al entenderse que son obvias o que están implícitas o sobreentendidas en el enunciado. Con frecuencia, el entimema se suele emplear para encubrir una falacia, al omitir torticeramente ciertas explicaciones o digresiones que se entienden implícitas en la argumentación, de ahí que la falacia se exprese en muchas ocasiones en la forma lógica de entimema.

Con esta idea se quiere poner de manifiesto que, en muchas ocasiones, no es fácil determinar qué sea una falacia o no, puesto que al ser un concepto que se basa en la apariencia, en la vaguedad y en el equívoco, y al depender también de factores contextuales, puede resultar difícil determinar si nos encontramos ante una falacia o una mala argumentación: desde el engaño absolutamente evidente, existe una escala de gradación muy amplia y matizada hasta el engaño leve, lo cual, con frecuencia, hace complicado detectarlas y precisarlas; de ahí la necesidad de una buena metodología que permita descubrirlas y desenmascararlas en los procesos argumentativos.

A tal fin obedece la siguiente clasificación de las falacias, según los tres tipos de análisis que venimos operando: formales, materiales y pragmáticas:

1. *Falacias formales*: son aquellas en las que aparentemente se ha empleado una regla de inferencia válida, pero que en realidad no es así. Ejemplos de este tipo son las llamadas *falacias de generalización precipitada*, en las cuales se obtiene una conclusión general desde un caso particular sin haber respetado (o pasado por alto) una o varias reglas de la inducción; o también, en sentido inverso, las *falacias de la afirmación del consecuente*, por las cuales se afirma la conclusión sin respetar una o varias reglas de

la deducción. Las típicas falacias formales serían la *petitio principii* o falacia de petición de principio, la confusión de lo relativo con lo absoluto (la falacia *ad hominem*, por ejemplo), etc.

2. *Falacias materiales*: en este tipo de falacias se elaboran las premisas bajo un criterio aparentemente correcto, pero realmente no, vulnerándose alguna regla metodológica relativa al establecimiento de aquéllas; por ejemplo, las falsas analogías, o las falacias sustentadas materialmente sobre alguna ambigüedad o vaguedad terminológica o semántica, o sobre una interpretación excesivamente univocista o cerrada de un término lingüístico contenido en una norma jurídica proclamándola como la única posible. Generalmente, las falacias materiales suelen ser falacias inductivas.

3. *Falacias pragmáticas*: responden a un engaño como consecuencia de tergiversar o de infringir, más o menos patentemente, alguna de las reglas que rigen los comportamientos de quienes argumentan en el contexto de un discurso retórico o dialéctico. Este tipo de falacias tienen, pues, una acusada connotación moral, ya que la falacia se deriva, no de haber conculcado las reglas del arte o técnica de la persuasión (aquí estaríamos hablando técnicamente de una mala argumentación, pero no de una argumentación pragmáticamente falaz), sino de haber vulnerado, con una intención personal torticera, una de las reglas fundamentales del proceso dialéctico, del discurso racional.

Obviamente, esta clasificación no es cerrada, puesto son posibles falacias que, por su propia complejidad, resultan difíciles de adscribir unívocamente a un solo tipo, y solo teniendo presentes los contextos comunicacionales en que se realizan las argumentaciones puede realizarse una caracterización y una detección más precisa de las mismas.

BIBLIOGRAFÍA

ALBADALEJO MAYORDOMO, T., "Retórica y oralidad" en *Oralia,* Análisis del discurso oral, Arco Libros, Vol. 2, 1999, 7-25.

ALBERT MÁRQUEZ, J.J., *Introducción a la Retórica jurídica. Una aproximación desde la Filosofía del Derecho,* Madrid, Dykinson, 2021.

ALEXY, R., *Teoría de la argumentación jurídica: la teoría del discurso racional como teoría de la fundamentación jurídica,* tr. de M. Atienza e I. Espejo, Madrid, Centro de Estudios Constitucionales, 1989.

ARISTÓTELES, *Ética Nicomaquea. Ética Eudemia,* intr. de E. Lledó Íñigo, tr. de J. Pallí Bonet, Madrid, Gredos, 1985.

—: *Tratados de lógica (Órganon) I: Categorías, Tópicos, Sobre las refutaciones sofísticas,* intr., tr. y notas de Miguel Candel Sanmartín, Madrid, Gredos, 1982.

—: *Retórica,* intr., ed. y tr. de Quintín Racionero Carmona, Madrid, Gredos, 1990.

ATIENZA, M., *El Derecho como argumentación,* Barcelona, Ariel, 2007.

—: *Las razones del Derecho. Teorías de la argumentación jurídica,* Madrid, Centro de Estudios Constitucionales, 1997.

—: "Retórica y Derecho", *Revista Española de Retórica,* núm. 0, 2023, 21-34.

BARTHES, R., *Investigaciones retóricas I. La antigua Retórica,* Barcelona, Eds. Buenos Aires, 1966.

BERTRAND, D., "Los regímenes de inmanencia, entre narratología y narratividad", *Tópicos del Seminario,* 33, 2015, 163-188.

BOBBIO, N.; CONTE, A., *Derecho y lógica. Bibliografía de lógica jurídica (1936-1960).* México, Universidad Nacional Autónoma de México, Centro de Estudios Filosóficos, 1965.

CALVO GONZÁLEZ, J., *Derecho y narración. Materiales para una teoría y crítica narrativista del Derecho,* Barcelona, Ariel, 1996.

CICERÓN, M.T., *Las leyes,* intr., tr. y notas de C.T. Pabón de Acuña, Madrid, Gredos, 2009.

—: *Sobre el orador,* intr., tr. y notas de J.J. Iso, Madrid, Gredos, 2002.

DE LA TORRE, J., *Ética y Deontología jurídicas,* Madrid, Dykinson, 2000.

FERREIRA DA CUNHA, P., *Iniciação à Metodológia Jurídica,* 3ª ed., Coimbra, Almedina, 2014.

FOUCAULT, M., *El Orden del Discurso*, Madrid, Ed. La Piqueta, 1996.

GARCÍA MARQUÉS, A., "Aristóteles: la construcción de la episteme. Una propuesta metodológica para la ciencia de hoy", *Daimon. Revista Internacional de Filosofía*, Suplemento 4, 2011, 241-254.

GÓMEZ ADANERO, M., GÓMEZ GARCÍA, J.A., MUINELO COBO, J.C., MUÑOZ DE BAENA SIMÓN, J.L., UTRERA GARCÍA, J.C., *Filosofía del Derecho. Lecciones de Hermenéutica jurídica*, Madrid, UNED, Sindéresis, 2019.

GÓMEZ GARCÍA, J.A., *La argumentación jurídica. Teoría y práctica*, Madrid, Dykinson, 2017.

GRAJALES, A.A., NEGRI, N.J., *Sobre la argumentación jurídica y sus teorías*, Madrid, Marcial Pons, 2018.

HERNÁNDEZ GIL, A., *El abogado y el razonamiento jurídico*, Santiago de Chile, Olejnik, 2021.

JACKSON, B.S., *Law, Fact and Narrative Coherence*, Merseyside, Deborah Charles Publications, 1988.

KLUG, U., *Lógica jurídica*, Bogotá, Temis, 1951.

LEGAZ Y LACAMBRA, L., *Filosofía del derecho*, Barcelona, Bosch, 1961.

LÓPEZ EIRE, A., "La etimología de "rhetor" y los orígenes de la retórica", *Faventia*, 20/2, 1998, 61-69.

MACCORMICK, N., *Legal Reasoning and Legal Theory*, Oxford, Clarendon Press, 1978.

MAJADA, A., *Oratoria forense*, 2ª ed., Barcelona, Bosch, 1962.

MARTÍNEZ-VAL, J.M., *Abogacía y abogados. Tipología profesional–Lógica y Oratoria forense–Deontología jurídica*, 3º ed., Barcelona, Bosch, 1993.

MURPHY, J.J., *Sinopsis histórica de la Retórica clásica*, Madrid, Gredos, 1988.

PERELMAN, Ch., y OLBRECHTS-TYTECA, L., *Tratado de la argumentación. La nueva Retórica*, tr. de la 5ª ed. por Julia Sevilla Muñoz, Madrid, Gredos, 1989.

PLATÓN, *Diálogos: Gorgias, o de la retórica; Fedón, o de la inmortalidad del alma; El banquete, o del amor*, intr. y tr. de C. García Gual, Madrid, Espasa-Calpe, 2002.

—: *Diálogos III: Fedón, Banquete, Fedro*, intr., tr. y notas de C. García Gual, M. Martínez Hernández y E. Lledó Iñigo, Madrid, Gredos, 1988.

QUINTILIANO, M.F., *Sobre la formación del orador*, tr. y comentarios de A. Ortega Carmona, Salamanca, Pontificia Universidad, 1997.

RECASÉNS SICHES, L., "El 'lógos de lo razonable' como base para la interpretación jurídica", *Diánoia*, 2, 2, 1956, 24-54.

RETÓRICA A HERENIO, tr. de S. Núñez, Madrid, Gredos, 1997.

ROBLES MORCHÓN, G., *Comunicación, lenguaje y Derecho. Algunas ideas básicas de la teoría comunicacional del Derecho*, Madrid, Real Academia de Ciencias Morales y Políticas, 2009.

—: *Retórica para juristas*, Santiago de Chile, Olejnik, 2019.

RORTY, R., *El giro lingüístico: dificultades metafilosóficas de la filosofía lingüística, seguido de "Diez años después" y de un epílogo del autor a la edición castellana*, intr. y tr. de G. Bello, Barcelona, Paidós, 1990.

RUIZ DE LA CIERVA, M.C., "Los géneros retóricos desde sus orígenes hasta la actualidad". *Rhêtorikê. Revista digital de Retórica*, 1, 2008, 1-40.

TARANILLA GARCÍA, R., *La configuración narrativa en el proceso penal. Un análisis discursivo basado en corpus*, Tesis Doctoral, Universitat de Barcelona, 2011.

TOULMIN, S.E., *Los usos de la argumentación*, tr. de M. Morrás y V. Pineda, Barcelona, Península, 2003.

VICO, G., "De nostri temporis studiorum ratione", ed. de L. Pica Ciamarra, *Laboratorio dell'ISPF*, IX, 2012, 1/2, 6-44.

VIEHWEG, Th., *Tópica y Jurisprudencia*, 2ª ed., tr. de L. Díez-Picazo y prol. de E. García de Enterría, Madrid, Civitas, 2007.

VON WRIGHT, G.H., *Lógica deóntica*, tr. de J. Rodríguez Marín, Valencia, Universidad, Depto. de Lógica, 1979.

WRÓBLEWSKI, J., "Legal Decision and Its Justification", *Logique et Analyse*, 14 (53), 1971, 409-419.

—: *Sentido y hecho en el Derecho*, tr. de J. Igartua Salaverría y F. J. Ezquiaga Ganuzas, México DF, Fontamara, 2008.

ANEXOS

1. UN CLÁSICO PARA EJERCITAR LAS APTITUDES Y HABILIDADES RETÓRICAS: LOS *PROGYMNASMATA* O EJERCICIOS DE RETÓRICA

A continuación se presenta una serie de ejercicios que, tradicionalmente, han servido para aprender y desarrollar los conocimientos y las capacidades retóricas. Estos *progymnasmata* (*ejercicios previos*, en griego) tienen su origen en la Grecia clásica y se empleaban para adiestrar a los estudiantes de Retórica en la elaboración de determinados tipos de textos y discursos que les sirviesen para sus composiciones retóricas. Un buen dominio de estas técnicas garantizaba, según los clásicos, buenas argumentaciones y discursos, con independencia del género que fuese (judicial, deliberativo y epidíctico, en la concepción tradicional). Tras estos ejercicios latía la idea de que, además de ciertas aptitudes innatas, el buen retórico precisaba de una permanente práctica y de la imitación de los buenos oradores.

"Los antiguos utilizaban 14 progymnasmata *o ejercicios retóricos graduados de menor a mayor dificultad para instruir y entrenar a los futuros oradores en su oficio y preparar su formación en los tres géneros oratorios, el judicial, el deliberativo y el epidíctico. Son estos:*

1. Fábula: *se escoge una fábula breve y se amplifica (mediante paráfrasis, prosopopeya, sermocinación o dialogismo), o se condensa (con elipsis o cualquier otro procedimiento). Puede ser también cualquier apólogo o parábola.*

2. Narración: *contar un hecho o dicho, quier fingido, quier real, mencionando quién, qué, cuándo, dónde, cómo, por qué; acaso también para qué. Una vez que se cuida que el alumno no ha omitido nada, hacerle ampliar y resumir su texto. Es el principio de la educación del orador según Quintiliano.*

3. Chreía o anécdota: *breve relación concreta y edificante de algún hecho o dicho de una persona. Para ello se alaba al autor del hecho o dicho, se refiere éste con brevedad, se prueba con la razón, se apunta lo que es contrario a la razón, se añade una semejanza o comparación, un ejemplo y un testimonio u opinión de otro y se termina con un epílogo o conclusión. Se puede amplificar por medio de paráfrasis o frases memorables acordes (refranes o sentencias apropiadas para el hecho).*

4. Proverbio: *ampliar una declaración condensada y abstracta, una moraleja, un proverbio, de forma muy parecida a la de la chreía, utilizando paráfrasis, comparaciones, contrastes, ejemplos, citas de otros autores o de otras frases, incluyendo epílogo o conclusión.*

5. Refutación: *ataque a la credibilidad de una narración (el ejercicio 2), por ejemplo, una leyenda o mito. Primero se resume brevemente y luego se contemplan seis cosas: su obscuridad, improbabilidad, imposibilidad, contrariedad, indecorosidad e inutilidad. A estos argumentos les precede un exordio que vitupera al autor de la narración y un epílogo que lo reprende. Se recurre a la contradicción y al* adynaton.

6. Confirmación: *se arguye para demostrar la credibilidad de una narración (hecho o dicho) con pruebas. Un exordio alaba al autor de tal, un epílogo lo pone de ejemplo. Para ello se ven seis cosas: lo manifiesto, lo probable, lo posible, lo conforme, lo decoroso, lo útil… Para ello se recurre a las figuras de* logos.

7. Lugar común: *amplificación de bienes o vicios evidentes. Se relaciona con el encomio y el vituperio. Consta de un exordio en que se dice el castigo o recompensa que merece el hombre malvado o virtuoso, se sigue lo contrario del delito o virtud que se persigue, la explicación del crimen o del mérito por amplificación, la comparación con otros crímenes o virtudes, se manifiesta la intención del hombre malvado o virtuoso y se hace una digresión sobre la vida anterior. Se aparta la compasión y se termina con un epílogo compuesto con los fines de lo legítimo, lo conforme, la equidad, lo útil, lo factible, lo glorioso u honorable y el suceso.*

8. Encomio: *exposición que atiende sólo a las excelencias. Para eso mira el linaje, país, instrucción, mente cuerpo y fortuna de una persona, se le compara favorablemente y se termina exhortando a los demás a emularle. Es propio del género epidíctico.*

9. Vituperio: *exposición que atiende sólo a los vicios. Se hace lo mismo que en el encomio, pero al contrario; también es propio del discurso epidíctico.*

10. Comparación: *es la suma de dos encomios o de un encomio y un vituperio para hacer prevalecer a uno sobre el otro.*

11. Etopeya: *imitación del carácter de una persona, como el monólogo dramático moderno. El carácter puede ser histórico, legendario o literario y enteramente ficticio. Si se hace imitando a algún fallecido se denomina idolopeya. Se recurre a figuras del* ethos.

12. Descripción: *es la composición que expone su tema a los ojos de un auditorio concreto. Se sigue para ello un orden siempre; si se trata de una idea abstracta, se sigue el orden antecedentes, conjuntos y consiguientes.*

13. Tesis o tema, que Cicerón llamó causa y otros retóricos controversia: *examen lógico de un tema sometido a investigación, pero sin referencia concreta. Por ejemplo, si se debe elegir mujer, pero no si Sócrates debe elegir mujer. Se diferencia del lugar común en que en éste se amplifica una cosa cierta, y en la tesis la dudosa: se trata de convencer, no de buscar la verdad. Sus partes son exordio (que aprecia el tema), argumentación (de los artículos que tocan al tema y de los lugares de la exposición), oposiciones (de las cosas contrarias a las que pertenecen al fin), soluciones (por concesión, por negación o por lo contrario) y epílogo (que contiene una breve amplificación, una breve repetición de los argumentos y una exhortación breve). También puede abreviarse con un exordio, una exposición o narración y una peroración final. Han de tenerse en cuenta argumentos fundados en la legalidad, la justicia, la experiencia, los antecedentes, la decencia y las consecuencias.*

14. Defensa / ataque: *como lo anterior, pero dirigido a favor o en contra de leyes, porque incurre en el género deliberativo"* (ROMERA, Ángel: "Los *progymnasmata* o ejercicios de retórica", en *Retórica. Manual de Retórica y recursos estilísticos*: http://retorica.librodenotas.com/Los-14-progymnasmata-o-ejercicios-de-retorica/los-progymnasmata-ornlos-progymnasmata-o-ejercicios-de-retorica -Fecha de consulta: 25 de enero de 2024-).

2. CONSEJOS PARA ESCRIBIR BUENOS TEXTOS JURÍDICOS

El siguiente artículo de la abogada Rosana Pérez Gurrea, titulado *Cómo redactar un escrito jurídico sin que parezca un jeroglífico,* constituye una excelente síntesis sobre las virtudes mínimas que ha de tener un texto jurídico de calidad. Es una guía de redacción muy útil para elaborar cualquier tipo de escrito jurídico, tanto desde un punto de vista estilístico, como argumentativo.

"Cómo redactar un escrito jurídico sin que parezca un jeroglífico

Escribir implica ser capaz de expresar información de forma coherente y correcta para que la entiendan otras personas, es una forma de comunicación. El escrito jurídico es el instrumento que contiene nuestra palabra y que plasma nuestro pensamiento para lograr la convicción judicial tras exponer nuestros argumentos.

La formación que tenemos los abogados en esta materia procede básicamente de nuestra propia experiencia, nadie nos ha enseñado a enfrentarnos con el papel en blanco y en esto no se pueden dar reglas válidas para todos, sino que cada uno tenemos que desarrollar nuestra propia técnica de escribir. El continuado ejercicio de la praxis jurídica es una excelente herramienta de aprendizaje que tiende a ampliar nuestra experiencia en el manejo del lenguaje jurídico.

Escribir un texto jurídico (un dictamen jurídico o un escrito procesal) requiere un proceso más o menos laborioso dependiendo de la complejidad de cada escrito, ya que no todos los escritos que redactamos tienen la misma dificultad ni requieren el mismo esfuerzo.

1.- Definir ideas y ordenarlas: es importante que antes de empezar a escribir tengamos un esquema que contenga las principales ideas o contenidos que queremos transmitir con nuestro escrito, estudiar el procedimiento y seleccionar los argumentos que apoyen nuestra pretensión redactándolos de un modo claro, ordenado y convincente.

La elaboración de un texto jurídico exige el manejo y la utilización de información diferente y a veces dispersa, que hay que saber usar: legislación, artículos doctrinales, libros, jurisprudencia, bases de datos…

Cuando ya tenemos las ideas definidas, procede unificar contenidos y verificar la coherencia del escrito, para finalmente revisarlo. La revisión del texto es una parte fundamental en el proceso de escribir y ello implica no sólo corregir los errores ortográficos cometidos o el espacio entre los párrafos, sino también reescribir, escribir de nuevo lo ya escrito, corrigiendo y en su caso modificando algunas partes del texto.

2.- Redacción con claridad, sencillez y concisión: la capacidad de persuasión de un escrito jurídico depende fundamentalmente de la fuerza que tengan los argumentos que se expongan en el texto. Esta exposición debe ser clara, sencilla y breve sin inducir a confusión. Así llega con mayor eficacia a los clientes y transmite una mejor imagen del despacho.

Ángel Ossorio, en su libro El alma de la toga, *se preguntaba "¿Cómo escribir?" y respondía diciendo que había que hacerlo "con veracidad, claridad, brevedad y amenidad". Coincido con él en que son estas las pautas que debemos tener en cuenta para redactar bien nuestros escritos.*

Hay que redactar los textos de una manera comprensible y clara, sin que ello implique pérdida de rigor técnico ni de elegancia en la forma. La claridad reclama una correcta elección del léxico en los escritos jurídicos y depende no sólo del lenguaje técnico que podamos utilizar, sino también del orden expositivo de las ideas, evitando escritos farragosos y oscuros que induzcan a confusión. Requiere estructurar adecuadamente los hechos, exponer con criterio los fundamentos de derecho y destacar debidamente las pretensiones formuladas de manera que el juez pueda situarse sin dificultad ante la realidad de los hechos y pueda entender la cuestión jurídica planteada.

Para conseguir que nuestro escrito sea claro y resulte comprensible pese al necesario lenguaje técnico que debemos utilizar, se requiere:

- *Utilizar el lenguaje con propiedad, riqueza léxica y precisión terminológica. Esto último cobra especial relevancia en el ámbito jurídico ya que hay que diferenciar figuras jurídicas: no es lo mismo caducar que prescribir, desistir que allanarse o rescindir que resolver.*
- *Evitar la repetición de las mismas palabras o utilizar vocablos cuyo significado no se corresponda con lo que queremos expresar.*
- *Que las frases que forman los párrafos vayan ligadas con coherencia y armonía.*
- *Evitar párrafos extensos.*
- *Utilizar la voz activa en lugar de la pasiva.*
- *Evitar los errores tipográficos por no haber revisado el texto.*
- *Escribir con naturalidad evitando palabras rebuscadas, latinismos y extranjerismos.*

Ni que decir tiene que los escritos deben ser correctos tanto en el fondo como en la forma, lo que supone el rechazo de las descalificaciones o enfrentamientos directos, tanto con el juez como con los compañeros o con el resto de las partes (testigos, peritos, abogados), algo que evidenciaría incapacidad para defender posturas con fundamentos estrictamente jurídicos y con argumentos sólidos.

Nuestros textos tienen que ser breves, deben contener la esencia de lo que queremos decir, concentrando nuestro esfuerzo en los argumentos que sean relevantes para la decisión del litigio. Hay que evitar escritos largos y redundantes con repeticiones innecesarias de largas citas de sentencias y datos, porque no significa que tengan una mayor profundidad o calidad y lejos de añadir valor a nuestro escrito, se lo resta haciendo más confuso el texto.

En reiteradas ocasiones hemos recibido demandas o informes jurídicos interminables, farragosos y que dificultan ser entendidos por su receptor. No hay peor enemigo de un escrito que la extensión innecesaria.

Utilizar el "corta y pega" puede dar lugar a escritos muy extensos en los que se introducen fragmentos de sentencias encontradas en bases de datos y que algunas veces no tienen relación con el objeto sobre el que se debate, dificultando la comprensión del texto. Además, los jueces lo perciben enseguida y hay sentencias que desestiman demandas por su farragosidad y extensión, respondiendo a un corta y pega que contradice las reglas básicas que debemos tener en cuenta en la redacción de nuestros textos.

3.- Revisión de los textos y corrección de errores: revisar el texto es esencial en el proceso de escribir, pero ello no sólo implica corregir faltas ortográficas, sino que tiene que tratarse de una revisión en profundidad que afecte a las ideas principales y a la propia estructura del texto. La revisión ha de comprender no sólo la forma, sino también el fondo y debemos aprovecharla para mejorar el escrito, rectificando los posibles errores y haciéndolo más completo y más claro.

Escribir un texto jurídico representa un proceso creativo que exige un manejo adecuado del lenguaje como instrumento de comunicación jurídica y, en definitiva, debemos mantener un estilo en el que se acompasen la técnica jurídica y las exigencias gramaticales básicas, ya que ello forma parte inescindible del quehacer profesional del abogado. (PÉREZ GURREA, Rosana: "Cómo redactar un escrito jurídico sin que parezca un jeroglífico", en *Blog de comunicación y marketing jurídicos. Consejo General de la Abogacía Española,* Publicado el 26 de enero de 2016 -Fecha de consulta: 25 de enero de 2024-: http://www.abogacia.es/2016/01/26/como-redactar-un-escrito-juridico-sin-que-parezca-un-jeroglifico/).